개념어로 말해봐

(사회·세계)

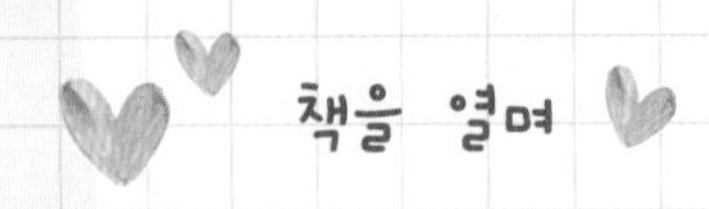

지식의 열매를 맺게 하는 개념어

자기가 읽은 책의 내용을 제대로 이해하려면 개념어의 의미를 알아야 합니다. 학교에서 우등생이 되려고 해도 마찬가지지요. 교과서에 나오는 개념어의 의미를 깨달아야 학업 능력이 높아지니까요. 요즘 들어 '문해력'이라는 말을 자주 듣게 됩니다. 단순히 글을 읽는 것에 그치지 않고 단어와 문장, 나아가 글 전체의 내용을 정확히 이해하는 능력을 가리키는 용어지요. 매일 접하는 정보의 양이 많아질수록 그 속뜻을 헤아릴 줄 아는 문해력이 뛰어나야 교양인이라고 할 만합니다. 그 첫걸음 역시 개념어 공부지요.

개념어는 '생각씨앗'이라고 할 수 있습니다. 그러니까 개념어가 생각의 싹을 틔우고, 생각을 무럭무럭 자라나게 하는 시작점이라는 말이지요. 생각의 씨앗이 튼실하지 않으면 이해력뿐만 아니라 상상력도 좋아지기 어렵습니다. 개념어를 폭넓게, 깊이 있게 익혀둬야 지식의 열매를 풍성하게 맺을 수 있습니다.

우리는 하루에도 숱한 개념어와 마주합니다. 학교 수업을 비롯해 뉴스를 듣거나 인터넷 검색 등을 똑바로 활용하려면 더욱 적극적으로 개념어의 세계에 발을 들여놓아야 합니다. 또 나중에 여러분이 중고등학교에 진학하면 지금 공부하는 여러 개념어가 학습 활동의 단단한 기초가 될 것이 틀림없습니다.

이 책 『개념어로 말해봐』 시리즈는 모두 5권으로 구성했습니다. 1권 정치 · 경제, 2권 사회 · 세계, 3권 문화 · 철학, 4권 과학 · 지리; 5권 역사 · 상식으로 분류했지요. 그리고 개별 항목마다 32가지 개념어를 다루어, 각 권에 64가지 개념어를 설명해놓았습니다. 5권을 더하면 개념어의 수가 총 320가지에 이르지요. 현대 사회는 워낙 다양한 정보가 넘쳐납니다. 하루가 멀다 하고 새로운 개념어가 생겨나기도 하지요. 그러므로 이 책에서 다룬 320가지 개념어부터 확실히 알아두면 앞으로 여러분이 독서하고, 토론하고, 공부하는 데 훌륭한 길잡이가 될 것이라고 믿습니다.

*2권에서는 [사회]와 [세계] 관련 개념어를 알아봅니다. 대한민국 공동체의 건강한 구성원이 되려면, 그보다 더 넓은 세계를 보려면 꼭 공부해둬야 할 내용입니다.

생각씨앗을 전하며,

콘텐츠랩

[사회] 관련 개념어

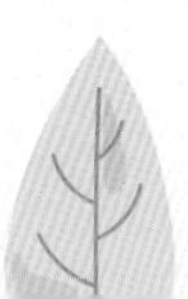

[세계] 관련 개념어

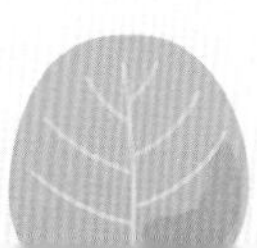

1

우등생이 공부하는
32가지 생각 씨앗

[사회]

행정구역이 궁금해?

주소를 보면 행정구역을 알 수 있어

집 주소를 보면 한 가지 궁금증이 생기지 않나요? 왜 서울이나 부산, 제주도처럼 지역을 구분하는 것일까요?

그 이유는 국가 발전과 국민 생활에 도움이 되기 때문입니다. 국토를 몇 개의 구역으로 나누면 좀 더 빠르고 꼼꼼하게 나랏일을 할 수 있지요. 그와 같은 지역 구분을 '행정구역'이라고 합니다.

현재 우리나라는 특별시, 광역시, 특별자치도, 특별자치시, 도, 시, 군, 구, 읍, 면, 동, 이로 행정구역을 나누었습니다. 시, 군, 구, 읍, 면, 동, 이는 특별시, 광역시, 도 등을 다시 작은 단위로 구분한 행정구역이지요. 예를 들어 서울특별시에는 25개의 구가 있습니다.

산과 하천 등을 경계로 하던 옛날과 달리 현대 사회는 인구와 경제 상황, 주민의 생활 편의 등을 따져 행정구역을 정하는 경우가 많아졌습니다. 또한 행정구역은 나라의 형편과 국민의 요구 등에 따라 언제든 다시 조정될 수 있습니다.

한 걸음 더 (1) 우리나라에서 인구가 가장 많은 행정구역은?

최근 '인구주택총조사'에 따르면, 인구 수 1위 지역은 경기도입니다. 경기도는 총 인구가 1,300만 명이 넘지요. 서울은 수년 전부터 인구가 조금씩 줄어 약 960만 명으로 2위였습니다. 세종특별자치시의 인구가 약 38만 명으로 가장 적었지요. 또한 특별시, 광역시, 도, 특별자치시, 특별자치도 가운데 면적이 가장 넓은 지역은 경상북도였습니다. 반면에 세종특별자치시의 면적이 가장 작았지요.

한 걸음 더 (2) 북한의 행정구역은 어떻게 달라졌을까?

남북 분단 후 북한은 여러 차례 행정구역을 변경했습니다. 우리나라에 비해 그런 일이 잦아 앞으로도 갑자기 바뀔 가능성이 있지요. 현재 북한의 행정구역은 1직할시, 3특별시, 9도입니다. 평양이 1직할시이며, 나선, 남포, 개성이 특별시지요. 또한 9도는 평안남도, 평안북도, 자강도, 양강도, 황해남도, 황해북도, 강원도, 함경남도, 함경북도로 구성되어 있습니다.

나의 생각메모

사회 합계출산율이 궁금해?

인구가 계속 줄어들어 걱정이야

국력을 따질 때는 인구도 매우 중요합니다. 인구가 각각 14억 명이 넘는 중국과 인도는 그것만으로도 국제무대에서 상당한 영향력을 갖지요. 미국은 여러모로 발전한 나라지만, 인구 역시 3억 명이 넘어 더욱 큰 힘을 발휘합니다.

인구가 너무 적은 나라는 경제를 발전시키기 어렵습니다. 국내에서 상품을 생산하면 우선 그 나라 국민이 어느 정도 소비해줘야 하지요. 기업이 오직 수출만 기대하며 상품을 생산하는 경우는 거의 없습니다. 또 인구가 지나치게 줄어들면 노동력도 부족해집니다. 쉽게 말해 일할 사람이 모자라게 되지요. 생산 시설이 아무리 자동화되어도 사람의 손길을 꼭 필요로 하는 부분이 있게 마련입니다.

그런데 얼마 전부터 대한민국의 '합계출산율'이 빠르게 줄어들어 심각한 사회 문제가 되고 있습니다. 그것은 '가임기(15~49세) 여성 1명이 평생 낳을 것으로 예상되는 평균 출생아 수'를 의미하지요. 우리나라의 경우 그 수치가 0.8명 안팎으로 홍콩과 함께 세계 최저 수준입니다.

한 걸음 더 (1) 합계출산율과 출산율은 뭐가 달라?

출산율은 '가임기(15~49세) 여성 1,000명당 낳은 출생아 수'를 말합니다. 이미 태어난 출생아 수를 기준으로 하기 때문에 합계출산율과 달리 예상이 아니라 확정된 수치지요. 합계출산율은 출산율에 관한 통계를 바탕으로 계산합니다. 또한 '출생률'이라는 용어도 있습니다. 일정 기간의 출생아 수가 인구에 대비해 차지하는 비율이지요. 보통은 인구 1,000명당 태어난 출생아 수로 나타냅니다.

한 걸음 더 (2) 시대 따라 달라진 인구 정책 표어

출산율을 낮추거나 높이기 위한 정부 정책 중에는 표어를 이용한 홍보도 있습니다. 우리나라의 시대별 인구 정책 표어를 살펴보면 다음과 같습니다. '덮어놓고 낳다보면 거지꼴 못 면한다!'(1960년대). '아들딸 구별 말고 둘만 낳아 잘 기르자!'(1970년대). '둘도 많다!'(1980년대). '아들 바람 부모 세대, 짝꿍 없는 우리 세대!'(1990년대). '아빠! 혼자는 싫어요. 엄마! 저도 동생을 갖고 싶어요.'(2000년대).

나의 생각메모

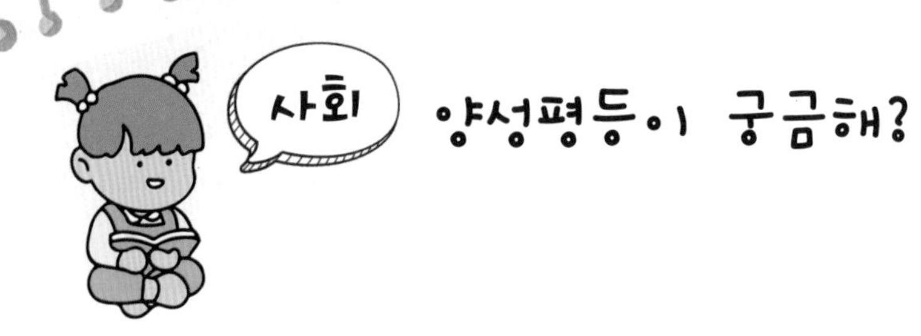

양성평등이 궁금해?

여자, 남자 이전에 모두 같은 인간이야

남성과 여성은 '차이'가 있습니다. 서로 목소리가 다른 것처럼 말이지요. 그러나 차이를 인정하는 것을 넘어 '차별'하는 것은 옳지 않습니다. 여성과 남성의 목소리가 사이좋게 어울릴 때 비로소 아름다운 합창이 됩니다.

우리 사회는 오랫동안 "여자니까 그러면 안 돼!"라든가, "남자가 그것도 못해?"라는 식의 그릇된 말을 아무렇지 않게 써왔습니다. 때로는 편견이 육체적 폭력보다 더한 고통을 안겨주지요. 남성이든 여성이든 모든 인간은 똑같은 가능성을 가지며, 여성이든 남성이든 모든 인간에게는 고난에 맞설 의지와 용기가 있습니다.

다행이 지난 수십 년간 우리 사회는 각 분야에서 '양성평등'을 이루기 위해 노력해왔습니다. 그 결과 행정부 공무원 중 여성의 비율이 절반을 넘게 됐고, 주요 기업의 여성 관리자 비율도 20퍼센트에 이르렀지요.

하지만 그 같은 남녀 비율의 변화만이 양성평등의 목적은 아닙니다. 나아가 모든 사회 구성원의 권리와 자유를 보장하는 것이 진정한 양성평등이고 인간평등입니다.

한 걸음 더 (1) 유리로 된 천장이 있다고?

그동안 우리 사회는 빠르게 양성평등을 실현해왔습니다. 하지만 아직도 여성에게는 '유리 천장'이 남아 있지요. 유리 천장이란, 충분한 능력을 갖춘 여성이 기업 같은 조직에서 일정 수준 이상 지위가 오르지 못하게 하는 '보이지 않는 장벽'을 뜻합니다. 그것은 우리 사회의 양성평등이 여전히 내용 면에서는 개선해야 할 점이 적지 않다는 사실을 잘 보여줍니다.

한 걸음 더 (2) 양성평등채용목표제에 대하여

우리나라 정부는 공무원 시험에서 합격자 중 어느 한쪽 성별이 70퍼센트를 넘지 않게 하고 있습니다. 그것을 가리켜 '양성평등채용목표제'라고 하지요. 처음에는 '여성채용목표제'로 시행했다가, 여성 합격자가 70퍼센트를 넘으면서 남성의 역차별 문제가 생겨 지금의 명칭으로 바꾸었습니다. 이 제도는 여성이든 남성이든 지나치게 한쪽 성별로 치우치는 상황을 막는 데 도움이 됩니다.

나의 생각메모

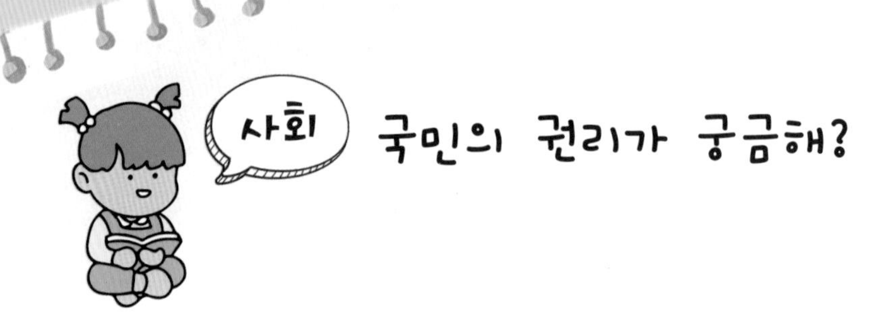

국민의 권리가 궁금해?

대한민국 국민이라면 누구나 갖는 권리

이미 정치 관련 개념어에서 설명했지만, 우리나라 최고의 법인 헌법은 '국민의 권리'에 대해 밝히고 있습니다. 대한민국 국민으로 태어나면서 갖게 되는 기본권으로서 자유권, 평등권, 참정권, 청구권, 사회권 등을 말하지요.

자유권은 자신의 의지에 따라 행동할 수 있는 권리입니다. 죄 없이 신체를 구속받지 않을 자유, 종교를 선택할 자유, 거주지를 옮길 자유, 자기 생각을 표현할 자유 등이지요. 평등권은 신분, 성별, 종교, 직업, 지역 따위로 차별받지 않을 권리입니다. 남녀 차별 금지, 학력 차별 철폐 등이 평등권에서 비롯됐지요. 참정권은 국민이 정치에 참여할 수 있는 권리입니다. 누구나 선거 때 투표하고, 후보자로 나서는 것을 보장하는 권리지요. 청구권은 국민의 기본권을 보호하는 권리입니다. 예를 들어 기본권이 침해당했을 때 국가를 상대로 손해 배상을 청구할 수 있습니다. 사회권은 인간다운 생활을 국가에 요구할 수 있는 권리입니다. 좋은 환경에서 생활할 권리, 교육받을 권리, 사회 보장을 받을 권리 등이지요.

한 걸음 더 (1) 이 세상 누구나 인간답게 살 권리

대한민국 국민으로 태어나면서부터 헌법이 보장하는 기본권을 갖게 되듯, 모든 인간에게는 인간답게 살 권리가 주어집니다. 그것을 바로 '인권'이라고 하지요. 인권은 나이, 성별, 재산, 학력, 종교, 인종, 국가 등에 상관없이 공평하게 부여받는 권리입니다. 헌법이 밝힌 국민의 권리가 대한민국에 한정된 기본권이라면, 인권은 전 인류가 마땅히 누려야 할 기본권이라고 할 수 있습니다.

한 걸음 더 (2) 기본권을 제한하는 특별한 경우

국민의 권리인 기본권은 반드시 지켜져야 하는 것이 원칙입니다. 다만 몇몇 특별한 상황에 제한할 수 있는데, 국가 안보에 심각한 위협이 되거나 사회 질서 유지를 위해 불가피하다고 판단하는 경우 등이지요. 하지만 그때도 꼭 국민의 대표인 국회에서 만든 법률에 따라야 합니다. 아울러 법률에 따른다고 하더라도 그 범위를 함부로 넓히면 절대 안 됩니다.

나의 생각메모

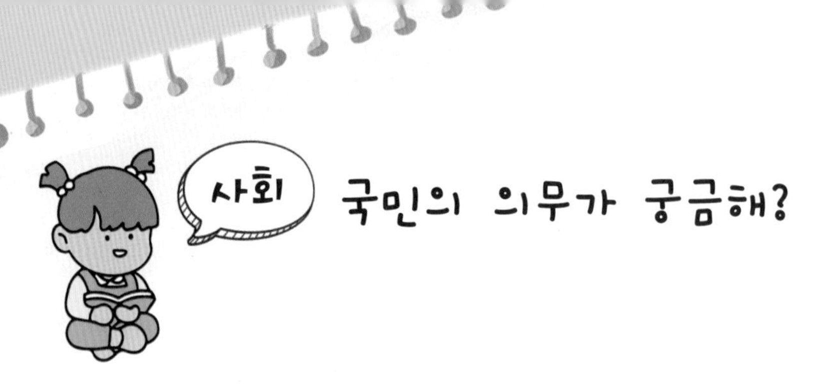

국민의 의무가 궁금해?

권리가 있으면 의무도 있지

대한민국 헌법에는 국민의 권리만 있는 것이 아닙니다. 그에 못지않게 국민으로서 예외 없이 지켜야 할 의무도 밝히고 있지요. '국민의 의무'로는 다음과 같은 몇 가지를 이야기할 수 있습니다.

우선 국방의 의무. 모든 국민에게는 나라를 지키기 위해 노력할 의무가 있습니다. 단지 군인뿐만 아니라, 누구나 맡은 일을 열심히 하며 나라를 사랑하는 마음을 가져야 합니다. 그리고 교육의 의무. 대한민국 국민은 법률이 정하는 교육을 의무적으로 받아야 합니다. 개인의 성장과 국가의 발전을 위해 교육은 꼭 필요하니까요.

다음은 근로의 의무. 모든 국민이 일하며 행복을 찾고, 국가의 발전에 보탬이 되어야 합니다. 또한 나라의 살림을 위해 법률이 정하는 세금을 내야 하는 납세의 의무도 중요하지요. 그 밖에 모든 국민에게는 깨끗한 환경을 지키기 위해 노력할 환경 보전의 의무가 있습니다. 자기의 재산을 사용할 때도 다른 사람에게 피해를 입히지 말아야 하는 재산권 행사의 공공복리 의무도 있고요.

한 걸음 더 (1) 의무인 것, 의무이면서 권리인 것

'국방의 의무, 교육의 의무, 근로의 의무, 납세의 의무'를 가리켜 국민의 4대 의무라고 합니다. 그런데 그 성격은 조금 다르지요. 국방의 의무와 납세의 의무가 절대적인 의무라면, 교육의 의무와 근로의 의무는 의무이면서 권리의 성격도 강합니다. 최근에는 환경 보존에 대한 인식이 커져 '환경 보전의 의무'를 포함해 국민의 5대 의무라고 표현하기도 합니다.

한 걸음 더 (2) 교육의 의무 중에 의무교육이 있어

국가가 정한 법률에 따라 일정한 교육을 반드시 받아야 하는 제도를 '의무교육'이라고 합니다. 현재 우리나라는 6년의 초등교육과 3년의 중등교육을 의무교육으로 규정하고 있지요. 앞서 설명했듯 그것은 국민의 의무이자 국민의 권리입니다. 의무교육 제도는 전 국민의 기본적인 사회화와 문맹률 감소에 큰 도움이 됩니다.

나의 생각메모

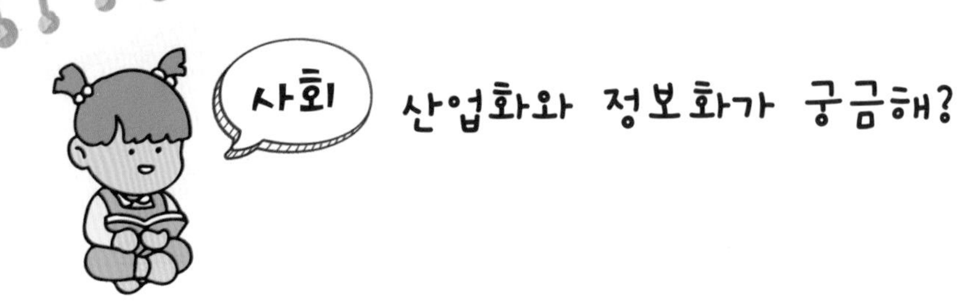

산업화와 정보화가 궁금해?

빛의 속도로 다 이루었어

세계 10대 경제 강국이 된 대한민국의 성과는 하루아침에 이루어진 것이 아닙니다. 한국전쟁이 끝나고 70여 년 동안 국민들이 열정적으로 노력했기 때문에 가능했지요. 우리나라의 경제 발전은 1960년대 이후 국내총생산이 해마다 10퍼센트 가깝게 증가하면서 오늘에 이르렀습니다. 특히 제조업은 1960년대부터 1980년대까지 매년 10퍼센트가 훌쩍 넘는 성장을 거듭했지요. 그 결과 농업을 기반으로 한 1차 산업에서 벗어나 2차 산업과 3차 산업 중심의 '산업화'에 성공했습니다.

그 후 1990년대를 거쳐 2000년대에 접어들어서도 대한민국의 경제 발전은 멈추지 않았습니다. 어느덧 1인당 국민총소득이 주요 선진국 수준이 됐지요. 그 배경은 무엇보다 '정보화'의 성공이라고 할 수 있습니다. 많은 학자들이 첨단 정보산업을 따로 구분해 4차 산업이라고 하지요. 얼마 전부터 우리나라는 컴퓨터, 인터넷, 통신 등과 관련된 첨단 정보산업 분야에서 일하는 사람이 부쩍 늘어났습니다. 빠른 시간에 산업화를 이룬 데 이어 세계가 인정하는 정보화 강국이 된 것입니다.

한 걸음 더 (1) 1차 산업·2차 산업·3차 산업

'1차 산업'은 자연 환경을 이용해 생산 활동을 하는 것입니다. 농사짓는 일, 고기 낚는 일, 산에서 나무 베는 일 등이 그렇지요. '2차 산업'은 1차 산업에서 얻은 생산물을 가공해 생활에 필요한 물품을 만드는 것입니다. 공장에서 상품을 제조하는 일을 예로 들 수 있지요. 또한 '3차 산업'은 1차 산업과 2차 산업을 바탕으로 서비스를 생산하는 것입니다. 상업, 금융업, 관광업 등이 3차 산업입니다.

한 걸음 더 (2) 한강의 기적을 일으킨 대한민국

세계인들은 우리나라의 놀라운 경제 성장을 보고 '한강의 기적'이라며 감탄합니다. 그 말은 독일의 경제 발전을 일컫는 '라인강의 기적'에서 비롯되었지요. 제2차 세계 대전을 일으켰다가 참패한 독일은 경제 상황이 엉망이었습니다. 하지만 독일 국민은 단결해 세계에서 손꼽히는 경제 강국이 되었지요. 한강의 기적이란, 한국전쟁의 폐허 속에서 이룬 경제 발전이 독일 못지않다는 칭찬입니다.

나의 생각메모

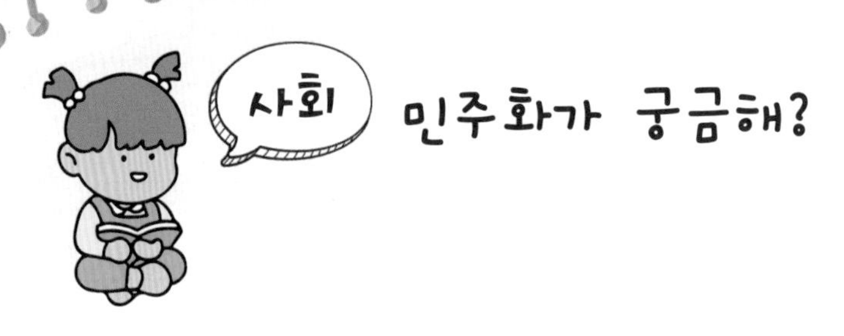

민주화가 궁금해?

민주화를 이루어 더욱 당당한 나라

우리나라는 지난 수십 년 동안 두 가지 큰일을 해냈습니다. 그중 하나는 빠른 경제 발전이고, 다른 하나는 '민주화'에 성공한 것이지요. 우리나라처럼 짧은 시간 안에 경제 발전과 민주화라는 두 마리 토끼를 잡은 국가는 없습니다.

민주화란 한 나라의 정치, 사회, 경제 등 모든 분야에 민주주의가 뿌리내리는 것입니다. 민주화된 국가는 국민이 주인이지요. 국민을 위한 정치가 이루어지고, 국민의 자유와 행복이 가장 중요한 가치입니다. 지금은 대통령을 비판하거나 노동자들이 파업해도 아무런 문제가 되지 않지요. 법에 어긋나지만 않는다면 말이에요.

우리나라가 민주화되기까지는 숱한 사람들의 희생이 뒤따랐습니다. 앞장서서 정의를 외쳤던 사람들 중에는 목숨을 잃는 경우도 있었지요. 그럼에도 국민들은 폭력에 굴복하지 않았습니다. 4.19혁명, 부마민주항쟁, 5.18광주민주화운동, 6.10민주항쟁 등을 통해 마침내 민주화를 이뤄냈지요. 우리나라는 경제 발전과 함께 민주화에 성공한 덕분에 전 세계의 주목을 받았습니다.

한 걸음 더 (1) 쓰레기통에서 핀 아름다운 꽃

우리나라 헌법에는 '대한민국은 민주공화국이다.'라는 내용이 있습니다. 하지만 대한민국이 실제로 민주화되기까지는 꽤 많은 시간이 필요했지요. 1950년대 영국의 「런던타임스」는 이 땅의 정치적 혼란을 보도하며 '한국에서 민주주의를 기대하는 것은 쓰레기통에서 장미꽃이 피기를 바라는 것과 같다.'라고 했습니다. 그날의 기자는 지금의 대한민국을 상상조차 하지 못했지요.

한 걸음 더 (2) 정치 민주화를 넘어 경제 민주화로

그동안 민주화는 정치의 민주화, 사회의 민주화를 의미하는 경우가 많았습니다. 그런데 이제는 경제와 민주화라는 두 단어가 어울려 '경제 민주화'가 탄생했지요. 그것은 자본주의 체제에서 발생한 지나친 빈부격차를 가능한 한 평등하게 개선하자는 취지로 만든 개념어입니다. 국가는 기업과 개인의 경제적 자유를 보장하면서도 보다 많은 국민을 위해 소득 분배와 경제 정의 실현에 나서야 한다는 것이지요.

나의 생각메모

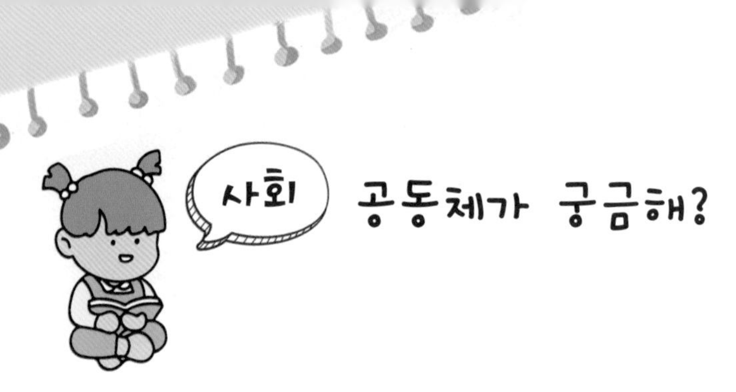

공동체가 궁금해?

함께 어울려 살아가는 사회

'공동체'란 생활이나 목적, 운명 등을 같이하는 집단을 말합니다. 그러니까 가정과 학교, 고장, 국가 등이 모두 내가 속한 공동체라고 할 수 있지요. 공동체가 유지되고 발전하려면 공동체 의식이 강해야 합니다.

민주주의 사회에서는 각 집단이 모든 구성원을 존중해야 합니다. 이를테면 국가가 국민 개개인의 행복을 침해해서는 안 되지요. 구성원의 자유와 권리를 보장하는 것은 민주주의의 기본 원칙입니다. 또한 그와 더불어 모든 구성원 역시 공동체 의식을 가져야 합니다. 개인의 이익 못지않게 공동체의 이익을 중요하게 생각해야 함께 어울려 살아가는 사회를 만들 수 있습니다.

공동체 의식을 가지면 구성원들 사이에 갈등이 줄어듭니다. 공동체의 발전을 위해 협력하고, 공정한 경쟁을 벌이지요. 살기 좋은 고장과 국가는 그처럼 공동체 의식이 밑받침될 때 가능합니다. 공동체 의식이 발달한 사회는 법과 상식을 지키고, 대화와 타협을 강조하며, 나와 다른 사람을 이해하려고 노력합니다.

한 걸음 더 (1) 공동체와 집단주의는 달라

원래 공동체는 '집단주의'와 전혀 다른 개념으로 쓰이는 말입니다. 그런데 일부 정치 지도자들은 공동체를 앞세워 개인의 희생을 강요하거나 자유를 제한하려 들지요. 집단주의를 그럴듯하게 공동체주의로 포장해 개인의 가치를 가볍게 여기는 사회를 만드는 것입니다. 그런 사회는 곧 국가 권력이 국민의 삶을 통제하게 됩니다.

한 걸음 더 (2) 가상공간 속 공동체, 인터넷 동호회

'인터넷 동호회'란 같은 취미나 종교, 직업 등을 가진 사람들이 온라인상에서 만드는 공동체입니다. 그들은 가상공간에서 서로 의견을 나누고 정보를 공유하지요. 가상공간은 시간과 공간의 제약이 없습니다. 그래서 나이와 성별, 지역 등에 상관없이 많은 사람들이 자유롭게 만날 수 있다는 장점이 있지요. 인터넷 동호회의 공동체 의식은 사이버 문화가 발전할수록 점점 더 새로운 형태의 인간관계를 보여줄 것입니다.

나의 생각메모

국가균형발전이 궁금해?

서울과 지방, 도시와 농촌이 다함께

어느 나라나 산업화가 시작되면 인구의 도시 집중이 심해집니다. 도시에 가야 일자리가 있고, 화려한 도시의 삶이 근사해 보이기 때문이지요. 우리나라도 모든 산업의 중심지이자 다양한 문화 시설이 있는 서울로 전국 각지에서 사람들이 모여들었습니다. 서울은 금세 엄청난 인구를 가진 첨단 도시로 성장했지요. 그에 비해 농어촌과 지방 도시의 발전은 기대에 미치지 못했습니다. 지금도 대기업과 주요 대학, 대형 상업 시설이 몰려 있는 서울로 사람들의 발길이 끊이지 않았지요.

하지만 오랫동안 지속되어온 서울 집중 현상은 여러 가지 문제를 낳았습니다. 무엇보다 전 국민이 국가 발전의 혜택을 고루 누리지 못했지요. 서울은 서울대로 지나치게 혼잡해졌고, 지방은 자꾸 활기를 잃어갔습니다. 그래서 정부에서는 2003년부터 본격적으로 '국가균형발전'에 나섰지요. 공공기관을 지방으로 옮기고 지역 산업을 지원해 사람들이 굳이 서울로 오지 않도록 유도했습니다. 아직은 그 결과가 만족스럽지 않지만 국가균형발전을 향한 노력은 계속되고 있습니다.

한 걸음 더 (1) 국가균형발전특별법을 만들다

대한민국 정부는 지난 2003년 '국가균형발전특별법'을 처음 만들었습니다. 제1조에 '이 법은 지역 간의 불균형을 해소하고, 지역의 특성에 맞는 자립적 발전을 통하여 국민 생활의 균등한 향상과 국가균형발전에 이바지함을 목적으로 한다.'라고 밝히고 있지요. 또한 그것을 뒷받침하는 정책으로 5년마다 '국가균형발전5개년계획'을 수립해 추진한다는 내용을 담았습니다.

한 걸음 더 (2) 우리나라에 행정중심복합도시가 있어?

우리나라 정부는 2005년, 지금의 세종특별자치시에 '행정중심복합도시'를 만들기로 결정했습니다. 그곳에 먼저 정부세종청사를 지어 대부분의 행정부 부처를 내려 보냈지요. 공무원과 그 가족을 중심으로 지역 주민이 늘어나면서 여러 학교와 편의시설이 생겨났습니다. 도로와 철도 같은 교통 여건도 좋아졌고요. 그 정책은 국가균형발전을 위한 정부의 적극적인 노력 중 하나로 평가받습니다.

나의 생각메모

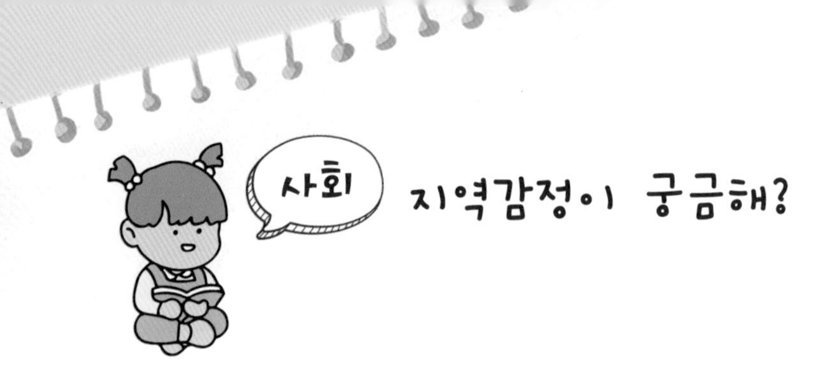

지역감정이 궁금해?

내 고장 사랑과 지역감정은 달라

우리나라는 선거 때마다 지역감정 탓에 홍역을 치릅니다. 많은 사람들이 오직 자기 고장을 기반으로 하는 정당과 후보에게 투표하기 때문입니다. 지역감정은 도, 시, 군뿐만 아니라 작은 마을과 마을 사이에서도 볼 수 있습니다.

물론 같은 조건이라면 자기 고장 사람에게 마음이 가게 마련입니다. 하지만 지역감정은 더 중요한 인물 됨됨이와 정책을 무시해서 문제지요. 지역감정에 휘둘리는 사람들은 단지 어느 고장 출신인지만 따질 뿐입니다.

게다가 선거에 나온 정당과 후보자도 지역감정을 부추깁니다. 그들은 자기 고장 출신을 뽑아야만 지역 발전을 이룰 수 있다고 떠벌이지요. 또한 자기 고장을 기반으로 하는 정당에 투표해야 그 지역이 더 많은 이익을 얻는다고 주장합니다.

사실 지역감정은 어느 나라에나 있다고 해도 틀리지 않습니다. 자기 고장이 다른 고장보다 잘되기를 바라는 마음은 똑같으니까요. 그러나 대부분의 경우 지역감정이 내 고장 사랑과 다르다는 것을 잘 알아 크게 문제되지 않습니다.

한 걸음 더 (1) 스페인의 못 말리는 지역감정

스페인은 지역감정이 심한 나라입니다. 항구 도시 바르셀로나가 속한 카탈루냐 지역은 국가가 따로 있을 정도지요. 그곳은 스페인 표준어와 언어도 다릅니다. 그래서 일부 카탈루냐 사람들은 아예 스페인으로부터 독립하자고 주장하지요. 오죽하면 "스페인을 하나로 보는 것은 정부 문서와 관광 안내서뿐이다."라는 말이 있을까요.

한 걸음 더 (2) 지역감정을 치유하는 달빛동맹

광주와 대구는 대한민국 현대사를 공부할 때 자주 등장하는 도시입니다. 대구에서는 일본에 대항해 국가의 권리 회복 투쟁을 펼친 국채보상운동과 4·19혁명의 출발점이 된 2·28민주운동이 일어났지요. 광주에서는 일제강점기 항일 투쟁의 주요 사건인 광주학생항일운동과 군사 독재에 맞선 5·18민주화운동이 펼쳐졌고요. 2013년, 대구와 광주의 시민들은 일부 정치인들이 부추긴 지역감정을 해소하기 위해 '달빛동맹'을 맺었습니다. '달'은 대구를, '빛'은 광주를 의미합니다.

나의 생각메모

표준어와 사투리가 궁금해?

따로 또 같이 사용하는 언어

요즘은 지리적 장애물이나 행정구역의 구분이 큰 의미를 갖지 않습니다. 교통과 통신의 발달로 공간의 장벽 없이 누구에게나 모든 지역이 개방됐지요. 그러다 보니 언어의 차이도 점점 줄어들고 있습니다.

오랜 시간에 걸쳐 각 지역의 언어 차이를 줄이는 데는 '표준어' 사용 정책도 큰 역할을 했습니다. 표준어란 한 나라의 표준이 되는 언어를 일컫지요. 보통은 그 나라의 수도에서 쓰는 말을 기본으로 합니다. 우리나라의 경우 '교양 있는 사람들이 두루 쓰는 현대 서울말'을 표준어로 규정하지요. 표준어가 아닌 각 지역의 언어는 '방언', 흔히 '사투리'라고 합니다.

표준어를 사용하는 데는 그만한 이유가 있습니다. 만약 뉴스 진행자가 사투리를 쓴다면 어떤 일이 벌어질까요? 아마도 전국에 있는 모든 국민이 그 내용을 완전히 이해하기는 어렵겠지요. 뉴스처럼 사실을 알리거나 국가 정책을 설명할 때는 반드시 표준어를 써야 전 국민에게 공통된 정보를 전달할 수 있습니다.

한 걸음 더 (1) 사투리는 무조건 없애야 해?

표준어를 널리 사용해야 정보 전달이 쉽고, 지역에 상관없이 서로 의사소통하기도 편리합니다. 하지만 우리말을 더욱 풍요롭고 아름답게 하는 사투리의 가치 역시 알아야 하지요. 박경리의 대하소설『토지』는 경상도 사투리가 쓰여 더욱 훌륭한 작품이 되었습니다. 판소리에는 전라도 사투리가 쓰여야 그 맛이 잘 살아나지요. 사투리는 소중한 문화유산이자 우리 언어의 보물창고입니다.

한 걸음 더 (2) 도대체 뭐라고 말하는 거야?

우리나라는 국토가 넓지 않아 다른 고장 사투리라고 해도 대부분 의미를 짐작할 수 있습니다. 하지만 그 뜻이 헷갈리는 것도 적지 않지요. 이를테면 '겨우', '간신히'를 전라도에서는 '포도시'라고 합니다. '이미', '벌써'를 경상도에서는 '하매'라고 하고요. 특히 제주도 사투리는 종종 다른 지방 사람들이 이해하기 매우 어렵습니다. 예를 들어 '몽케지 마랑 혼저 오라게.'를 표준어로 옮기면 '꾸물대지 말고 어서 와.'입니다.

나의 생각메모

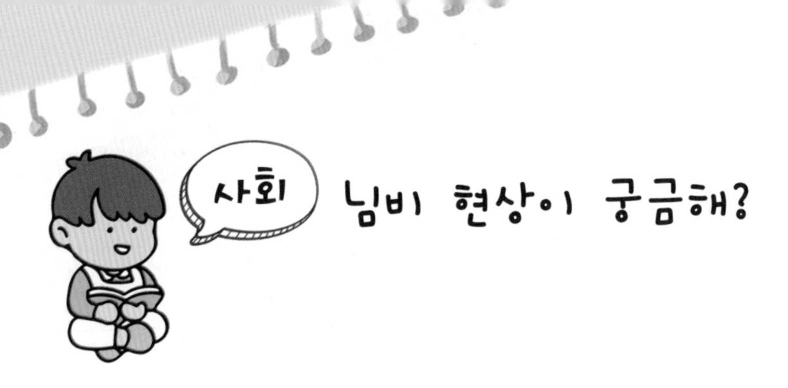

님비 현상이 궁금해?

우리 고장에 혐오 시설은 안 돼

우리는 매일 산더미 같은 쓰레기를 쏟아내며 살고 있습니다. 최근에는 코로나 사태로 일회용품 사용까지 크게 늘어나 한층 더 위기감이 높아졌지요. 그 문제를 해결하려면 대규모 쓰레기처리장을 만들어 재활용이 불가능한 것을 매립하거나 소각해야 합니다. 매립은 땅에 묻는 방식, 소각은 불에 태우는 방식을 말하지요.

그런데 만약 내가 사는 고장에 쓰레기처리장이 들어선다면 어떤 생각이 들까요? 더러운 쓰레기를 처리하는 시설을 내 집 앞에 만든다는 데 선뜻 찬성할 사람은 별로 없을 겁니다. 어쩌면 이웃들과 함께 다른 고장에 쓰레기처리장을 설치하라며 시위를 벌일지도 모르지요.

그렇듯 요즘은 산업폐기물처리장, 마약치료센터, 교도소 등 좋지 않은 이미지를 주는 시설이 자기 고장에 들어서면 무조건 반대하는 경우가 많습니다. 그와 같은 시설이 필요하다는 데는 공감하면서도 내가 사는 고장에는 절대 안 된다는 주장이지요. 그것이 바로 '지역이기주의'라고 하는 '님비 현상'입니다.

한 걸음 더 (1) 님비만 있나, 핌피도 있지

'님비'는 '우리 집 뒷마당에는 안 돼(Not in my back yard).'의 영어 문장 머리글자를 따서 만든 용어입니다. 그와 반대되는 개념어 '핌피'는 '제발 우리 집 앞마당에 해줘(Please in my front yard).'의 머리글자 모음이지요. 핌피 대신 '임피(In my front yard)'라고도 합니다. 한마디로 핌피는 자기 고장에 이익이 되는 시설이 들어서도록 너도 나도 발 벗고 나서는 현상이지요.

한 걸음 더 (2) 니아비 현상은 또 뭐야?

앞서 님비 현상은 지역이기주의라고 설명했습니다. 그에 비해 '니아비 현상'은 특정 시설이나 개발에 대해 더욱 넓은 의미에서 반대하는 입장을 일컫지요. '누구의 뒷마당에도 안 돼(Not in anybody's back yard).'라는 것입니다. 자기 고장뿐만 아니라 다른 어느 지역에도 그와 같은 시설을 만들거나 개발하면 안 된다는 뜻이지요. 예를 들어 핵시설 반대 등에 니아비 현상이 나타나고는 합니다.

나의 생각메모

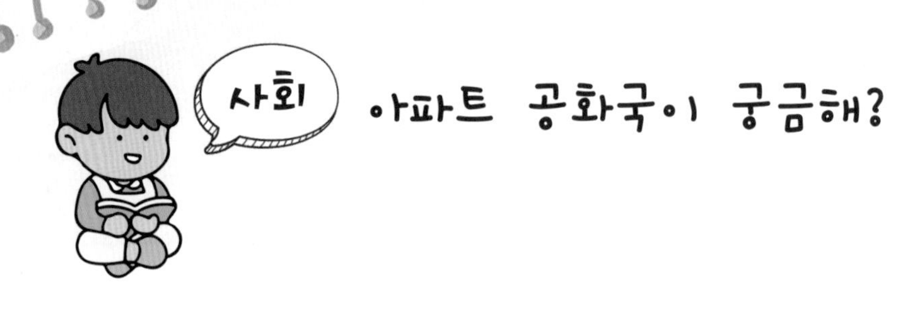

아파트 공화국이 궁금해?

마당 있는 집이 별로 없네

'2020년대 들어 대한민국 전체 주택 중 아파트가 차지하는 비율이 63.5퍼센트로 나타났다. 1970년대만 해도 우리나라 국민은 단독주택 주거 비율이 월등히 높았다. 당시 단독주택 비율이 94퍼센트였던데 비해 아파트 주거 비율은 단 0.7퍼센트. 하지만 1990년대 이후 아파트 건설이 붐을 이루면서 상황이 뒤바뀌었고, 지금은 단독주택 비율이 20.6퍼센트에 그친다.'

위 글은 얼마 전 신문 기사입니다. 기사 내용에서 보듯 이제 우리나라 국민 상당수는 아파트에서 생활하지요. 대도시 시민은 거의 아파트를 비롯한 공동주택에 거주한다고 해도 지나친 말이 아닙니다. 짧은 세월 동안 아파트가 빠르게 늘어난 사실은 모두 알고 있지만, 전체 주택 중 아파트의 비율이 63.5퍼센트라는 통계는 새삼 놀라움을 갖게 합니다. 그야말로 '아파트 공화국'이라고 할 만하지요.

우리나라 국민의 아파트 선호도는 매우 높습니다. 아파트에서 나고 자란 젊은 세대가 많아 앞으로도 그런 현상이 지속될 가능성이 크지요.

한 걸음 더 (1) 아파트 말고 어떤 공동주택이 있지?

여러 가구가 한 건축물 안에서 일부 시설을 공동으로 사용하며 각각의 공간을 갖고 생활하도록 설계한 주택을 '공동주택'이라고 합니다. 대표적으로 아파트, 연립주택, 다세대주택이 있지요. 최근 통계에 따르면, 우리나라 전체 주택 중 공동주택이 차지하는 비율은 78.3퍼센트에 이릅니다. 이미 이야기한 대로 아파트가 63.5퍼센트이고, 연립주택과 다세대주택이 14.8퍼센트지요.

한 걸음 더 (2) 전통 가옥, 한옥의 특징

우리나라 전통 가옥을 가리켜 '한옥'이라고 합니다. 그 특징은 온돌과 마루로 상징할 수 있지요. 겨울철 난방을 위해 온돌을 깔고, 여름에 시원하게 지내도록 마루를 놓았습니다. 흔히 한옥이라고 하면 양반이 살던 큰 집만을 떠올리는 경우가 많지요. 하지만 서민이 살던 집도 한옥입니다. 한옥은 주변에서 구하기 쉬운 나무, 흙, 짚 등을 사용해 아름다우면서도 효율성이 뛰어난 여러 장점을 지녔습니다.

나의 생각메모

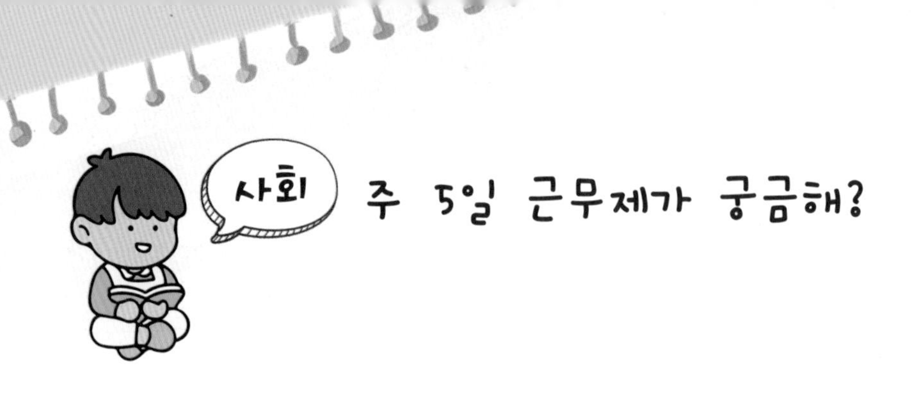

주 5일 근무제가 궁금해?

일주일에 이틀은 쉬어야지

약 20년 전만 해도 우리나라 노동자들이 일하는 시간은 세계 최고 수준이었습니다. 토요일은 말할 것 없고, 일이 있으면 휴일에도 하루 종일 일했으니까요. 그 덕에 대한민국은 놀라운 경제 성장을 이뤄냈습니다.

하지만 누구든 일만 하며 살 수는 없습니다. 일한 만큼 쉬고, 가족과 여가를 즐기며, 취미 생활할 여유를 갖는 것은 인생에 있어 아주 중요한 일이지요. 다행히 우리나라도 점점 휴식의 의미를 생각하게 되었습니다. 나라가 잘살게 되는 만큼 국민도 행복하기를 바랐지요.

그런 변화에서 나온 것이 '주 5일 근무제'입니다. 이전에는 대부분의 직장에서 일요일만 쉬었지요. 그것을 토요일과 일요일, 일주일에 이틀씩 쉬도록 한 것입니다.

우리나라에서 주 5일 근무제를 처음 시작한 것은 2004년입니다. 그 후 2011년이 되어서야 노동자 수 20명 미만인 기업까지 제도를 확대했지요. 참고로 미국은 1938년, 독일은 1967년, 일본은 1987년부터 주 5일 근무제를 실시했습니다. 그에 비해 경제 성장이 급했던 우리나라는 주 5일 근무제 도입이 꽤 늦었지요.

한 걸음 더 (1) 이제는 주 4일 근무제

우리나라는 주 5일 근무제를 실시한 지 20년 정도가 지났을 뿐입니다. 그런데 미국, 캐나다, 프랑스, 독일, 네덜란드, 벨기에 같은 선진국의 일부 기업에서는 이미 주 4일 근무제까지 도입했지요. 정보통신기술의 발달로 시간과 공간의 제약이 많이 사라졌고, 일하는 양보다 효율성이 더 중요해 그 같은 제도가 실현됐습니다.

한 걸음 더 (2) 주 5일 근무제도 나라마다 달라

우리나라는 거의 모든 기업이 일주일 중 월화수목금에 일하고 토요일과 일요일에 쉬는 주 5일 근무제를 시행합니다. 그 제도를 도입한 대부분의 나라가 우리와 다르지 않지요. 그런데 그와 같은 휴일 규칙은 기독교 문화에서 비롯된 것입니다. 이슬람교를 믿는 사우디아라비아 등은 일월화수목에 일하고 금요일과 토요일에 쉬지요. 기독교의 일요일과 이슬람교의 금요일이 같은 의미를 갖기 때문입니다.

나의 생각메모

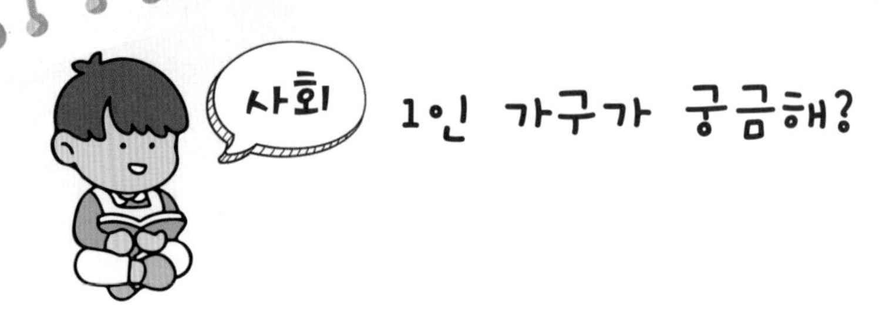

사회 1인 가구가 궁금해?

이 집도 저 집도 혼자 살아요

가족이란 결혼과 혈연 등으로 특별한 관계를 맺은 사람들을 가리키는 말입니다. 이를테면 아빠와 엄마는 결혼으로, 부모님과 나는 혈연으로 가족이 됐지요. 그런데 시대가 변하면서 가족의 구성이 빠르게 바뀌고 있습니다. 서로 사랑하는 마음이야 같지만, 겉으로 보이는 가족의 형태는 지난날과 크게 달라졌지요.

옛날에는 대부분 '대가족'이었습니다. 할아버지와 할머니, 부모님, 그리고 나와 형제들, 이렇게 3대가 모여 사는 집이 흔했지요. 하지만 도시화와 산업화가 진행되면서 대가족이 흔들리기 시작했습니다. 어른들은 고향집에 남고, 젊은 사람들은 돈을 벌기 위해 도시로 향했지요. 이른바 '핵가족' 시대가 된 것입니다.

그리고 맞이한 21세기의 대한민국은 이제 핵가족마저 무너져가고 있습니다. 노인 부부만 사는 가정, 자녀를 낳지 않고 부부만 사는 가정, 자녀끼리 독립해서 사는 가정 등 그 모습이 무척 다양해졌지요. 나아가 최근 들어서는 가구 구성원이 한 사람뿐인 '1인 가구' 비율이 33퍼센트가 넘는 시대가 되었습니다.

한 걸음 더 (1) 1인 가구의 여러 형태

1인 가구는 '혼자서 생활하는 가구'라고 정의할 수도 있습니다. 가족 단위가 아니라 개인이 한 가구를 이루는 것이지요. 1인 가구의 형태는 다양합니다. 결혼하지 않고 혼자 사는 독신자를 비롯해 배우자와 사별한 노인, 취업이나 학업을 이유로 독립한 청년, 생계를 위해 가족과 따로 사는 사람, 이혼 후 혼자 된 사람 등 여러 이유로 1인 가구가 점점 늘고 있지요.

한 걸음 더 (2) 가족과 가구는 뭐가 달라?

'가족'은 최소 2명으로 구성됩니다. '1인 가구'는 있어도 '1인 가족'은 없지요. 가족은 한 집에서 함께 사느냐 안 사느냐에 따라 달라지지 않습니다. 설령 지방이나 외국에서 따로 생활해도 부모님과 형제가 가족이라는 사실은 변함없지요. 가족은 하나의 '가구' 또는 2개 이상 여러 개의 가구로 나뉩니다. 만약 아빠가 일 때문에 제주도에서 혼자 생활한다면 한 가족이 2개의 가구를 구성하는 것입니다.

나의 생각메모

고령사회가 궁금해?

세월 가면 누구나 노인이 되지

국제연합(UN)에서는 65살이 넘는 사람을 노인 인구로 분류합니다. 그 비율이 7퍼센트 이상인 국가를 '고령화사회', 14퍼센트 이상인 국가를 '고령사회', 20퍼센트 이상인 국가를 '초고령사회'라고 하지요.

우리나라는 2022년 노인 인구가 900만 명을 넘어섰습니다. 전체 인구에서 차지하는 비율은 17.7퍼센트에 이르렀지요. 그러므로 대한민국은 이미 고령화사회를 지나 고령사회로 접어든 것입니다.

지금과 같은 속도라면, 우리나라는 2025년 무렵 노인 인구 비율 20퍼센트 이상의 초고령사회가 될 것이 틀림없습니다. 2050년대가 되면 노인 인구가 전체 인구의 50퍼센트에 달할 것이라는 놀라운 예상까지 나와 있지요.

여느 나라보다 빠른 대한민국의 고령화는 평균수명 연장이 주요 원인입니다. 우리나라의 평균수명은 남녀 모두 세계 평균보다 10살 이상 많지요. 또한 출산율이 점점 낮아져 노인 인구 비율이 더 빠르게 높아졌습니다.

한 걸음 더 (1) 노인이 되어가는 베이비붐 세대

우리나라는 '베이비붐' 세대 때문에 더 빠르게 초고령사회에 진입하는 중입니다. 베이비붐은 한 사회의 출산율이 여느 때와 달리 크게 증가하는 것을 말하지요. 그런 현상은 주로 전쟁이나 최악의 경제 상황이 지난 뒤에 나타납니다. 대한민국은 한국전쟁이 끝난 1955년부터 1963년 무렵에 태어난 사람들을 베이비붐 세대라고 부르지요. 그때는 집집마다 자녀가 보통 네댓 명씩은 되었습니다.

한 걸음 더 (2) 고령사회에는 이런 정책이 필요해

여러 경제협력개발기구(OECD) 국가들이 우리나라보다 먼저 고령화 문제를 겪었습니다. 그 나라들은 우선 사회복지 예산을 늘려 노인의 건강과 생활을 돌보려고 노력했지요. 또한 연금 제도를 손보아 젊을 때 더 많은 돈을 내도록 하고, 연금을 받는 나이는 조금씩 높여갔습니다. 아울러 노인의 취업을 위해 재교육 기회를 늘렸으며 나이에 따른 차별을 금지하는 법률을 만들었지요.

나의 생각메모

■ 대한민국의 합계출산율이 계속 낮아지고 있습니다. 최근 5년 동안 어떻게 변화했는지 알아보고, 그 문제점을 정리해보아요.

잠깐! 스스로 생각해봐!

■ 우리 사회에는 종종 심각한 님비 현상이 일어납니다. 인터넷으로 신문 기사를 검색해 대표적인 사례를 알아보아요.

사회복지가 궁금해?

잘사는 나라를 넘어 행복한 나라로

우리나라는 오랫동안 앞만 보고 달리느라 미처 신경 쓰지 못한 것이 많았습니다. 그 가운데 하나가 '사회복지'지요. 국가가 국민의 삶을 꼼꼼히 살펴 안심하고 생활할 수 있는 환경을 만드는 것이 사회복지입니다. 설령 경제력이 없어도, 아이를 낳아도, 나이 들어 늙고 병들어도 큰 걱정 없이 살게 하는 것이지요.

국민이 행복하지 않은 나라는 진정한 선진국이 아닙니다. 부자와 가난한 사람이 갈등하고, 소외된 사람들이 보호받지 못하는 사회는 건강할 수 없지요. 그런 사회는 불평과 불만으로 몸살을 앓게 마련입니다. 뒤늦게나마 우리나라가 국가의 여느 정책 못지않게 사회복지를 중요하게 생각하는 것은 다행스런 일입니다.

최근 대한민국 1년 예산은 600조 원이 넘습니다. 그중 보건과 사회복지를 담당하는 보건복지부가 가장 많은 100조 원 안팎의 예산을 배정받지요. 사회복지 예산은 1998년 이후 큰 폭으로 늘어났습니다. 여러 분야 가운데 가장 빠른 증가율을 보이고 있지요. 이제 사회복지는 더 이상 소홀히 할 수 없는 국가 과제입니다.

한 걸음 더 (1) 요람에서 무덤까지

제2차 세계 대전이 끝나고 나서 영국 노동당은 완전한 사회복지 제도를 실시하자고 주장했습니다. 그때 내건 표어가 바로 '요람에서 무덤까지!'였지요. 당시 노동당은 영국 국민으로부터 큰 지지를 받았습니다. 그 표어에는 한 인간이 태어나서 죽을 때까지 국가가 앞장서 삶을 돌보겠다는 의지가 담겨 있었지요. 그 후 '요람에서 무덤까지!'는 사회복지를 실현하려는 국가들의 목표가 되었습니다.

한 걸음 더 (2) 대한민국의 사회보장제도

우리나라는 가난, 질병, 사망, 실업, 은퇴, 장애, 출산, 양육 등에 맞닥뜨린 국민을 위해 다양한 '사회보장제도'를 준비해두었습니다. 그 또한 사회복지를 실현하려는 노력으로, 무엇보다 4대 사회보험을 손꼽을 수 있지요. 그것은 '국민건강보험, 국민연금, 고용보험, 산재보험'을 일컫습니다. 여기에 '장기요양보험'을 더해 대한민국 5대 사회보험이라고도 합니다.

나의 생각메모

나랏일을 하는 데도 돈이 필요해

이 책에서는 이미 몇 차례 '세금'에 관련된 이야기를 했습니다. 그럼에도 세금을 충분히 이해했다고 말하기는 어렵지요. 세금은 우리가 살아가는 사회를 유지하고 발전시키는 데 반드시 필요한 금전, 즉 돈입니다.

지금 이 순간에도 우리나라 곳곳은 국민이 좀 더 쾌적하고 편리하게 생활할 수 있도록 여러모로 달라지고 있습니다. 정부와 지방자치단체가 앞장서 그런 일들을 계획하고 실천하지요. 그런데 다리를 놓고 도로를 내려면 굉장히 많은 돈이 필요합니다. 그 일을 직접 실행하고 감독하는 공무원들에게 급여도 줘야 하고요.

그럼 정부는 어떻게 돈을 마련할까요? 그 해답은 다름 아닌 세금입니다. 세금이란, 정부와 지방자치단체가 공적인 일에 사용하기 위해 국민과 주민으로부터 거둬들이는 돈을 일컫지요. 노동자의 월급이나 자영업자의 소득에서 세금을 걷고, 자동차와 집 같은 재산에도 세금을 매깁니다. 우리가 구입하는 공책 한 권, 과자 한 봉지 값에도 세금이 포함되어 있습니다.

한 걸음 더 (1) 세금에도 종류가 있다고?

세금은 크게 '국세'와 '지방세'로 구분합니다. 국세는 국가가, 지방세는 지방자치단체가 거둬들이는 세금이지요.국세에는 개인의 소득에 부과하는 '소득세'가 있습니다. 월급을 받거나 장사해서 돈을 벌면 소득세를 내야 하지요. 또한 상품의 생산과 유통 과정에 매기는 '부가가치세'도 국세입니다. 지방세의 예로는 '재산세'와 '자동차세'가 있습니다. 재산세는 주택과 토지 등에, 자동차세는 자동차 소유에 대해 부과하는 세금이지요.

한 걸음 더 (2) 세금을 구분하는 또 다른 기준

세금은 '직접세, 간접세'와 '보통세, 목적세'로도 나눌 수 있습니다. 직접세는 소득세처럼 세금을 내야 할 의무가 있는 사람이 직접 내는 세금이지요. 간접세는 부가가치세처럼 일상생활에서 자기도 모르게 내는 세금이고요. 그 밖에 일정한 원칙에 따라 부과하는 세금을 보통세라고 하며, 특별한 목적에 사용하려고 만든 세금을 목적세라고 합니다.

나의 생각메모

이주노동자가 궁금해?

이제 그들도 우리의 이웃이야

우리나라 사람들은 오랜 세월 피부색과 문화가 다른 이방인을 잘 받아들이지 못했습니다. 하지만 미래 사회는 그런 닫힌 생각으로 살아갈 수 없지요. 이제는 단일민족의 자긍심을 넘어 모든 인류가 이웃이라는 마음을 가져야 합니다.

오늘날 대한민국에는 수많은 외국인이 이런저런 이유로 들어와 우리와 함께 생활하고 있습니다. 최근 통계에 따르면, 여행객을 제외한 국내 체류 외국인 수가 어느덧 200만 명에 이르렀지요.

그 가운데 '이주노동자'라고 불리는 외국인 노동자가 있습니다. 그들은 우리나라 사람들이 더럽고 힘들고 위험하다며 멀리하는 일을 기꺼이 맡아 하지요. 그렇게 돈을 벌어 자기 나라에 있는 가족을 부양하는 것입니다.

지난 1970~1980년대에는 우리나라도 수많은 노동자가 외국에 나가 궂은일을 해 외화를 벌어왔습니다. 그것이 대한민국 경제 발전에 밑거름이 됐지요. 그 시절을 생각해서라도 우리는 이주노동자들을 따뜻한 마음으로 대해야 합니다.

한 걸음 더 (1) 우리는 다문화사회로 나아가는 중

근래 몇 년 동안 우리나라 전체 인구 중 외국인 체류자가 차지하는 비율은 3.8~4.3퍼센트였습니다. 꾸준히 비율이 늘다가 코로나 팬데믹 때 줄어들었지요. 학자들은 흔히 총 인구 대비 외국인 비율 5퍼센트를 기준으로 '다문화사회'인지 아닌지 구분합니다. 참고로, 독일은 그 수치가 10퍼센트에 달하지요. 우리 사회도 곧 외국인 비율이 다시 증가해 다문화사회에 접어들 것이 틀림없습니다.

한 걸음 더 (2) 귀화하면 대한민국 국민이 된다고?

오늘날 대부분의 국가는 개인이 국적을 포기하거나 취득하는 자유를 존중합니다. 우리나라도 '귀화' 제도가 있어 일정한 조건을 갖추면 세계 어느 나라 사람이라도 대한민국 국민이 될 수 있지요. 귀화는 보통 두 가지로 구분됩니다. 하나는 결혼이나 입양 등을 통해 귀화하는 경우이고, 다른 하나는 개인이 귀화 신청을 해서 허가를 받는 경우지요.

나의 생각메모

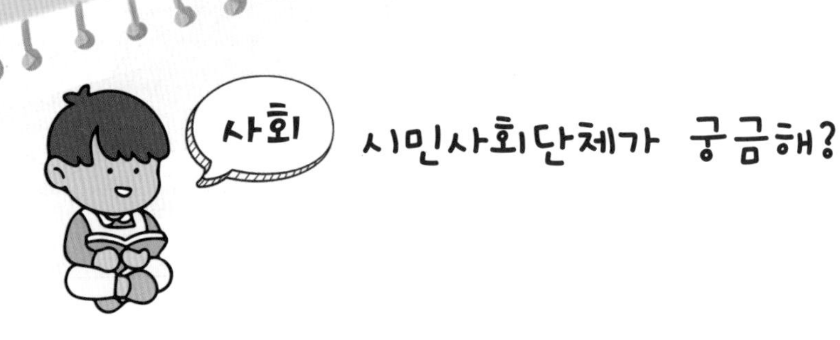

시민사회단체가 궁금해?

시민의 바람과 요구에 귀 기울여봐

정부나 지방자치단체의 정책에 적극적인 관심을 기울이며 공공의 이익을 지향하는 모임을 '시민사회단체'라고 합니다. 시민사회단체는 공공기관과 기업 등의 활동을 감시하고 견제해 더 많은 시민의 삶이 행복해지도록 노력하지요. 그 영향은 때때로 나라 전체에 미치기도 합니다.

현재 우리나라에는 여러 시민사회단체가 다양한 분야에서 제 역할을 다하고 있습니다. 시민사회단체는 하는 일에 따라 몇 가지로 분류할 수 있지요. 우선 사회 개혁을 위해 힘쓰는 시민사회단체로 '참여연대', '경제정의실천시민연합' 등을 예로 들 만합니다. 경제 문제에 관심을 갖는 시민사회단체로는 '녹색소비자연대', '한국소비자생활연구원' 등이 있지요.

그 밖에도 시민사회단체는 활동 영역을 점점 넓혀가는 중입니다. '녹색연합'처럼 환경 운동을 펼치기도 하고, '전국장애인차별철폐연대'처럼 장애인 문제 해결에 앞장서기도 하지요. '한글문화연대' 같은 문화 관련 시민사회단체도 있습니다.

한 걸음 더 (1) 시민사회단체 또는 비정부기구

정부와 관련 없이 민간 주도로 조직한 자발적 비영리 단체를 '비정부기구'라고 합니다. 주로 환경, 인권, 보건, 빈곤, 양성평등 같은 분야에서 활동하지요. 영어 명칭의 머리글자를 따서 '엔지오(NGO)'라고도 합니다. 우리나라에서는 대개 비정부기구와 시민사회단체를 구별하지 않습니다. 하지만 비정부기구는 '국경없는의사회'나 '그린피스'처럼 좀 더 국제적인 활동을 펼치지요.

한 걸음 더 (2) 주요 비정부기구가 하는 일

현재 전 세계 비정부기구 중 수십 곳이 활발히 국제적인 활동을 펼치고 있습니다. 앞서 말한 국경없는의사회는 전쟁이나 자연재해 등으로 고통 받는 사람들을 치료하고 돕지요. 그린피스는 지구의 환경 파괴를 막고 생태계를 보전하기 위해 노력합니다. 그 밖에 인권 보호 운동을 펼치는 '국제엠네스티'와 가난한 사람들의 주거 문제를 해결하는 '해비타트' 등이 있습니다.

나의 생각메모

지식재산권이 궁금해?

타인의 창작물은 공짜가 아니야

10여 년 전, 한 인터넷 사이트가 큰 인기를 끌었습니다. 거기에 접속하면 신작 영화를 공짜로 볼 수 있었지요. 결국 영화사들은 그 사이트를 법원에 고발했습니다. 지금은 상상조차 할 수 없는 범죄 행위였지요.

자신이 열심히 노력해 얻은 창작물을 다른 사람들이 함부로 가져간다면 누가 그 일을 다시 할까요? 감독과 배우는 영화관에 관객이 많이 들어야 신바람이 납니다. 영화사도 그렇게 돈을 벌어야 또 다른 영화를 계속 만들 수 있고요.

모름지기 문화가 발달하려면 '지식재산권'을 철저히 보호해야 합니다. 지식재산권이란 학문이나 예술 활동으로 얻은 결과에 대해 갖는 권리를 일컫지요.

집이나 금덩어리처럼 눈에 보이는 것만 재산이 아닙니다. 창작물 역시 그것을 세상에 내놓은 사람에게는 소중한 재산이지요. 소설가든 작곡가든 정당한 저작료를 받아야 생계를 꾸리며 또 다른 작품을 창작합니다. 남의 금덩어리를 훔치면 도둑이 되듯, 남의 창작물을 허락 없이 마구 이용해서도 안 됩니다.

한 걸음 더 (1) 지식재산권에도 종류가 있어

'지적재산권'이라고도 하는 지식재산권에는 '저작권'과 '산업재산권'이 있습니다. 저작권은 문학, 영화, 음악, 미술, 게임, 공연, 방송 같은 문화예술 분야의 창작물에 관한 권리를 말합니다. 저작권 보호 기간은 창작자 사후 50~70년에 이르지요. 산업재산권은 특허권, 상표권을 비롯해 발명품과 디자인 등에 관한 권리입니다. 그 보호 기간은 10~20년으로 저작권보다 짧습니다.

한 걸음 더 (2) 카피라이트, 아니면 카피레프트

지식재산권을 영어로 '카피라이트(copyright)'라고 합니다. 요즘 우리 사회 한편에서는 그에 반발해 '카피레프트(copyleft)' 운동이 일어나고 있지요. 그것은 한마디로 개인이나 단체의 지식재산권을 사회가 공유하자는 움직임입니다. 되도록 많은 창작물에 누구나 자유롭게 접근할 수 있어야 한다는 주장이지요. 세상의 다양한 지식과 정보를 일부가 독점해서는 안 된다고 말하는 것입니다.

나의 생각메모

사회규범이 궁금해?

사회를 질서 있게 유지하는 비결

모든 사회에는 일상생활에서 지켜야 할 규칙이 있습니다. 그래야만 공동체의 질서를 유지할 수 있지요. 그것을 가리켜 '사회규범'이라고 합니다.

사회규범은 관습, 도덕, 종교, 법 등을 두루 포함합니다. 우리는 흔히 사회규범을 근거로 어떤 행동에 대한 옳고 그름을 판단하지요. 선과 악, 양심과 비양심, 예의와 무례의 기준으로 삼기도 하고요. 사회규범은 공동체의 질서를 지키는 긍정적 역할과 함께, 사회 구성원의 생각과 행동을 통제하는 부정적 영향도 끼칩니다.

여러 사회규범 중 법은 강제성을 띠는 특징이 있습니다. 그와 달리 관습, 도덕, 종교 등은 설령 위반하더라도 처벌을 받지는 않지요. 하지만 공동체의 냉대에 시달리거나 스스로 양심의 가책을 느끼게 됩니다.

사회규범은 국가와 지역, 민족 등이 오랜 기간에 걸쳐 형성해온 가치관입니다. 따라서 특정 공동체를 이해하려면 사회규범을 살펴봐야 하지요. 그것을 바탕으로 공동체의 각종 제도가 만들어지고 교육이 이루어지기 때문입니다.

한 걸음 더 (1) 관습에 대해 알아볼까?

한 사회는 오랫동안 지켜져 내려와 모든 구성원이 널리 인정하는 질서와 풍습, 즉 관습을 갖습니다. 개인의 습관을 사회의 차원에서 바라본 것이 관습이라고 할 수 있지요. 한 인간이 삶을 지속하며 습관을 만들 듯, 사회는 오랜 세월에 걸쳐 그곳만의 독특한 사고방식과 행동양식을 나타냅니다. 관습은 곧 그 공동체를 설명하는 문화가 됩니다.

한 걸음 더 (2) 닫힌사회와 열린사회

프랑스 철학자 앙리 베르그송은 사회 유형을 '닫힌사회'와 '열린사회'로 구분했습니다. 닫힌사회는 오랫동안 이어져 내려온 사회규범으로 개인을 구속하고 억압하며, 다른 가치에 배타적인 폐쇄 사회를 말합니다. 그에 비해 열린사회는 관습과 전통, 제도 등에 앞서 인류애를 갖는 사회이며 다른 가치를 포용하는 개방 사회입니다.

나의 생각메모

스크린쿼터제가 궁금해?

우리나라 영화 산업을 보호하는 방법

모든 국가는 자기 나라의 문화를 보호하고 발전시키기 위해 노력합니다. 특히 외국에 비해 경쟁력이 부족한 문화 산업이 있다면 적극적인 지원을 아끼지 않지요. 그런 배경에서 탄생한 제도 중 하나가 '스크린쿼터제'입니다.

스크린쿼터란 영화관에서 얼마 동안 의무적으로 자기 나라 영화를 상영하도록 하는 제도입니다. 예를 들어 '국내 모든 영화관은 1년에 최소한 73일 동안 한국 영화를 상영해야 한다.'라는 식이지요. 다시 말해 스크린쿼터제는 외국 영화, 특히 미국 영화로부터 자기 나라 영화 산업을 보호하기 위해 만든 것입니다.

우리나라는 1967년부터 스크린쿼터제를 실시했습니다. 한때 국내 영화관은 1년에 146일 동안 반드시 한국 영화를 상영해야 했지요. 그 후 스크린쿼터제를 폐지하라는 미국의 지속적인 압력에 맞서다가, 2006년 7월부터 한국 영화 의무 상영 기간을 73일로 바꿔 지금에 이르고 있습니다. 이 제도는 한국 영화 산업이 오늘날과 같은 발전을 이루는 데 큰 도움이 되었지요.

한 걸음 더 (1) 이제는 시들해진 스크린쿼터제

스크린쿼터제를 처음 만든 나라는 영국이었습니다. 그 후 프랑스, 스페인, 이탈리아, 그리스 같은 유럽 국가를 비롯해 남아메리카와 아시아의 몇몇 나라가 스크린쿼터제를 실시했지요. 하지만 지금은 주요 국가 중 우리나라만 엄격한 스크린쿼터제를 유지하고 있습니다. 세계 여러 나라에서 잇달아 스크린쿼터제를 폐지하는 이유는 '불공정 무역' 시비에 휘말리기 때문이지요.

한 걸음 더 (2) 세계 여러 나라의 자국 영화 점유율

최근 통계에 따르면, 우리나라는 스크린쿼터제를 실시하는데도 자기 나라 영화 점유율이 30퍼센트 정도에 그치고 있습니다. 독일, 이탈리아, 스페인 등은 그 비율이 겨우 20퍼센트 안팎이고요. 반면에 미국의 자기 나라 영화 점유율은 88퍼센트이며, 일본 79퍼센트, 영국 42퍼센트, 프랑스 41퍼센트에 이릅니다. 그와 같은 통계는 영화 산업 자체의 경쟁력을 높이는 것이 무엇보다 중요하다는 사실을 잘 보여줍니다.

나의 생각메모

쓰레기 종량제가 궁금해?

환경을 보전하는 또 하나의 방법

환경 파괴는 현대 사회가 맞닥뜨린 심각한 문제입니다. 문명이 발달해 생활이 편리해지는 만큼 자연 생태계는 망가지고 지구 곳곳이 이상기후에 시달리지요. 사람들의 생활공간에는 쓰레기가 넘쳐나고 나쁜 공기가 가득합니다.

그러므로 이제 환경 보호는 선택이 아니라 인간의 생존이 걸린 필수 과제가 되었습니다. 세계 각국은 청정에너지를 개발하고 산업폐기물을 줄이는 데 막대한 예산을 쏟아 붓고 있지요. 그런 가운데 우리 개개인이 환경을 보호하기 위해 생활 속에서 실천하는 노력도 점점 다양해지고 있습니다. 대표적인 사례 중 하나가 바로 '쓰레기 종량제'입니다.

우리나라는 1995년부터 쓰레기 종량제를 전국적으로 실시했습니다. 그 제도는 쓰레기 처리 비용을 일정 부분 배출자 스스로 부담하게 해 조금이나마 쓰레기양을 줄이려는 목적에서 만들었습니다. 쓰레기 종량제에 따른 규격 봉투 사용은 재활용이 불가능한 생활 쓰레기 감소에 적지 않은 도움이 되고 있습니다.

한 걸음 더 (1) 쓰레기 종량제의 구체적인 효과

쓰레기 종량제는 생활 쓰레기를 줄이는 데 깜작 놀랄 만한 효과를 나타냈습니다. 우선 그 제도를 실시하기 직전에 전국 기준 6만 톤이 넘던 1일 생활 쓰레기 배출량이, 쓰레기 종량제 이후 6만 톤 아래로 유지되고 있지요. 2000년대 들어서는 하루 평균 5만 톤을 넘지 않는다고 합니다. 또한 전체 생활 쓰레기 처리 비용에서 규격 봉투 판매로 거둬들이는 수입이 40~50퍼센트를 차지해 정부와 지방자치단체 예산 확보에도 상당한 보탬이 됩니다.

한 걸음 더 (2) 쓰레기 종량제의 기본은 분리수거

'분리수거'의 사전적 의미는 '종류별로 나누어 버린 쓰레기를 거두어 가는 것'입니다. 하지만 우리는 보통 '분리배출'의 개념으로 분리수거라는 말을 사용하지요. 대한민국은 1991년부터 쓰레기 분리수거를 의무화했습니다. 그 후 쓰레기 종량제까지 실시하면서, 우리나라의 폐기물 재활용률은 세계 최상위 수준이 되었습니다.

나의 생각메모

로하스족이 궁금해?

나와 공동체의 행복을 위하여

공동체의 더 나은 삶을 위해 건강과 환경, 지속적인 성장을 함께 고민하는 생활방식이 있습니다. 그것을 일컬어 '로하스(LOHAS)'라고 하지요. 그런 생활방식을 스스로 실천하는 사람들은 '로하스족'이라고 하고요.

로하스는 지난 2000년부터 새로운 라이프스타일로 주목받기 시작했습니다. 미국에서 처음 등장한 개념어인데, 로하스족은 개인의 건강뿐만 아니라 환경까지 생각하는 합리적인 소비 생활을 지향하지요. 그들은 그와 같은 노력이 공동체의 지속적인 성장을 가능하게 한다고 믿습니다.

그럼 로하스족은 구체적으로 어떻게 생활할까요? 그들은 우선 장바구니 사용, 천기저귀 사용, 프린터 카트리지 재활용 등 일회용품을 줄이는 데 앞장서고 있습니다. 나아가 유기농 농산물을 소비하고, 에너지 효율이 높은 가전제품을 이용하며, 공정한 거래로 생산되고 판매되는 제품을 구입하지요.

한마디로 로하스족은 개인의 웰빙을 넘어 '사회의 웰빙'을 꿈꾸는 사람들입니다.

한 걸음 더 (1) 로하스 인증 제도가 있어?

우리나라에는 한국표준협회라는 기관이 있습니다. 그곳에서는 지난 2006년 세계 최초로 '로하스 인증'을 만들었지요. 그것은 로하스 정신을 실천해 친환경 산업을 추구하고 사회 공헌을 최우선 가치로 삼는 기업의 제품이나 서비스를 공인해주는 제도입니다. 로하스 인증은 건강하고 자연 친화적인 기업 문화를 이끌어 우리 사회가 좀 더 행복한 공동체로 발전하는 데 의미 있는 역할을 합니다.

한 걸음 더 (2) 2000년대의 또 다른 개념어, 웰빙

앞서 로하스족은 사회의 '웰빙(well-being)'을 꿈꾸는 사람들이라고 정의했습니다. 우리나라의 경우 2003년 무렵부터 웰빙이란 개념이 하나의 사회 문화로 자리 잡아 복지, 행복, 안정, 휴식, 조화, 건강 같은 의미를 담았지요. 그와 같은 변화는 각박한 경쟁에서 벗어나 삶의 여유와 정신적 풍요의 가치를 되새기게 했습니다.

나의 생각메모

당신의 모든 것을 지켜봅니다

개인의 생각과 일상생활을 모조리 감시받는 사회가 있다면 어떨까요? 또 정체를 감춘 비밀스런 권력이 정보를 독점해 사회를 제 맘대로 통제한다면 어떨까요? 그와 같은 끔찍한 상황을 이야기할 때 등장하는 개념어가 '빅브라더'입니다.

빅브라더는 영국 작가 조지 오웰이 1949년 발표한 소설 『1984』에 나오는 감시자이자 최고 권력자입니다. 그는 소설 속 가공의 국가 오세아니아를 절대 권력을 이용해 통치하지요. 그곳은 모든 사람의 말과 행동이 감시받고 탄압받는 전체주의 사회입니다. 민주주의 사회와 정반대라고 볼 수 있지요.

『1984』를 읽은 많은 사람들은 우리가 살아가는 사회에도 빅브라더가 존재한다고 의심했습니다. 소설 속 오세아니아만큼은 아니지만, 국가 권력이나 미디어 등이 개인의 자유를 침해하는 경우가 있다고 판단했지요. 스마트폰과 신용카드, 소셜네트워크서비스(SNS) 등이 누군가 마음만 먹으면 우리의 삶을 훤히 들여다볼 수 있는 세상으로 만들기도 했습니다. 빅브라더가 현실의 공포가 되어버린 것이지요.

한 걸음 더 (1) 조지 오웰처럼 감시 사회를 걱정한 철학자

프랑스 철학자 미셸 푸코는 현대 사회를 '파놉티콘'에 빗대어 설명했습니다. 그것은 '보이기만 할 뿐 보지 못하는 감옥'으로 현대 사회를 상징하지요. 파놉티콘은 도넛 형태로 설계된 원형 감옥입니다. 한가운데 교도관의 감시 시설이 있어 죄수들의 모든 방을 한눈에 살펴보지요. 당연히 죄수들은 교도관의 움직임을 볼 수 없습니다. 그런 감옥에서는 죄수들이 항상 교도관의 감시에 신경 쓰며 두려움을 떨치지 못합니다. 미셸 푸코 역시 감시 사회를 경고한 것이지요.

한 걸음 더 (2) 『1984』와 함께 읽으면 좋은 『동물농장』

조지 오웰은 『1984』에 앞서 1945년 『동물농장』을 발표했습니다. 그 작품도 개인의 사상과 행동을 통제하고 억압하는 전체주의를 비판하는 내용이지요. 특히 러시아 공산주의 혁명의 부정적인 면을 신랄하게 풍자해 독자들의 큰 호응을 얻었습니다. 당시 미국에서만 50만 부가 팔려 조지 오웰을 유명 작가로 만들었지요.

나의 생각메모

개인정보보호법이 궁금해?

개인정보를 함부로 다루면 안 돼

온라인 문화가 폭넓게 뿌리내리면서 개인정보가 매우 다양하게 이용됩니다. 개인정보란, 이름이나 주민등록번호처럼 개인을 알아볼 수 있는 정보를 말하지요. 설령 이름이나 주민등록번호만으로 특정인을 정확히 가려내지 못하더라도 다른 정보와 결합하면 쉽게 개인에 관한 정보를 파악하게 됩니다.

정보화 사회에서는 개인정보가 널리 이용되는 만큼 악용하는 사례도 늘어나고 있습니다. 개인의 이름과 주민등록번호는 말할 것 없고 주소, 학교, 직장 등에 관한 정보를 수집해 당사자의 허락도 없이 상품 광고나 범죄 수단으로 삼지요. 그래서 정부에서는 '개인정보보호법'을 만들어 적극적으로 개인정보 유출을 규제하기 시작했습니다. 그래야만 개인의 자유와 존엄을 지킬 수 있으니까요.

개인정보보호법은 무분별한 개인정보 수집을 비롯해, 개인정보를 잘못 사용하거나 나쁜 목적으로 이용하는 것을 방지해 사생활을 보호합니다. 우리나라에서는 지난 2011년 3월 29일부터 이 법을 시행하고 있습니다.

한 걸음 더 (1) 개인정보보호법의 주요 내용

개인정보보호법은 제1조에 '이 법은 개인정보의 처리 및 보호에 관한 사항을 정함으로써 개인의 자유와 권리를 보호하고, 나아가 개인의 존엄과 가치를 구현함을 목적으로 한다.'라고 밝히고 있습니다. 또한 제59조에는 개인정보를 다루거나 다루었던 사람에 대한 주의사항을 담아두었습니다. 그 내용은 부정한 개인정보 수집을 금지하고, 업무상 알게 된 개인정보를 타인에게 제공하지 못하게 하며, 개인정보의 위조와 유출 등을 강력히 경고합니다.

한 걸음 더 (2) 개인정보보호법을 위반하면 받는 처벌

우리나라에서는 개인정보를 부정한 방법과 수단으로 수집해 이용할 경우 3년 이하의 징역 또는 3천만 원 이하의 벌금형에 처합니다. 아울러 당사자 동의 없이 개인정보를 유출하거나 다른 사람에게 제공하면 5년 이하의 징역 또는 5천만 원 이하의 벌금형을 받게 되지요. 물론 개인정보를 요구하고 제공받아 부정한 목적에 사용한 사람도 법에 따라 처벌받습니다.

나의 생각메모

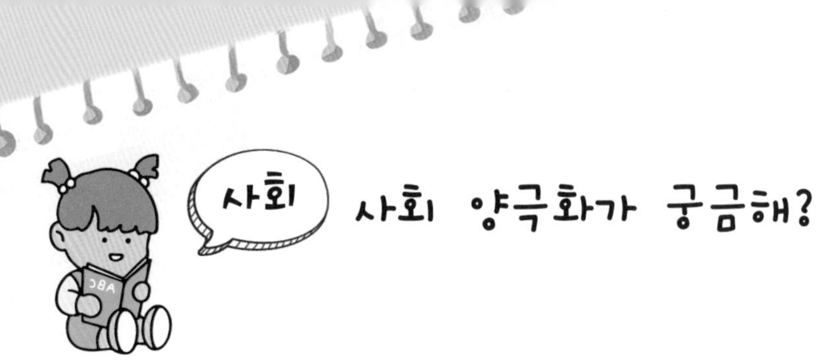

사회 양극화가 궁금해?

날이 갈수록 중간이 없어지네

'서로 점점 더 멀어지고 달라짐.' 국어사전에 나오는 '양극화'에 관한 설명입니다. 오늘날 우리 사회는 몇 가지 양극화 문제에 맞닥뜨려 있지요. 특히 신념의 양극화와 경제력의 양극화는 숱한 갈등을 낳아 공동체를 위태롭게 합니다.

신념의 양극화란 우리 사회의 정치나 문화 현상 등에 대해 서로의 생각이 뚜렷이 엇갈리는 상황을 말합니다. 종교에 관한 생각의 차이도 빼놓을 수 없지요. 신념의 양극화는 세대와 지역, 성별, 학력 등에 따른 갈등을 부추겨 상대를 적대시하는 심각한 부작용을 일으킵니다.

경제력의 양극화는 신념의 양극화 못지않게 우리 사회를 분열시킵니다. 가난한 사람은 더 가난해지고 부유한 사람은 더욱 부자가 된다는 '빈익빈 부익부'나 '금수저, 흙수저' 같은 유행어의 등장이 다 그 문제에서 비롯되지요. 경제력의 양극화는 신념의 양극화를 악화시키는 주요 원인이기도 합니다.

양극화가 심한 사회는 구성원들이 서로 미워하고 따돌려 화합할 수 없습니다.

한 걸음 더 (1) 모래시계형 계층 구조

모래시계는 가운데가 잘록한 형태의 유리 기구입니다. 사회 구성원의 분포가 중간이 별로 없이 양쪽으로 양극화된 현실을 가리켜 모래시계형 계층 구조라고 하지요. 그런 사회는 공동체의 통합을 이루는 데 여러 가지 어려움을 겪습니다. 흔히 사회 계층 구조는 모래시계형, 피라미드형, 다이아몬드형, 타원형 등으로 구분하지요. 그중 중간이 두터운 다이아몬드형이나 타원형 계층 구조가 사회 안정성이 높습니다.

한 걸음 더 (2) 양극화는 사회 불안의 씨앗

양극화는 극단적인 사회 갈등을 불러올 때가 많습니다. 구성원들 사이에 적대감과 위화감이 커져 심각한 사회 불안으로 이어지기 일쑤지요. 그것은 곧 공동체와 국가의 발전을 가로막는 걸림돌이 되고 맙니다. 경제력 양극화를 예로 들어보면, 현재 우리나라는 소득 상위 10퍼센트가 국민 전체 소득의 45퍼센트를 차지하고 있지요. 그처럼 경제력 양극화가 심해질수록 사회는 통합 대신 분열의 길을 걷게 됩니다.

나의 생각메모

사형제가 궁금해?

인간이 인간을 벌하는 가장 강력한 방법

법무부 자료에 따르면, 대한민국 정부 수립 후 지금까지 920명이 사형 선고를 받아 목숨을 잃었다고 합니다. 그런데 지난 1998년부터 우리나라에서는 단 한 번도 사형 집행이 이루어지지 않았지요. 대한민국은 여전히 '사형제'를 유지하고 있지만, 실질적인 사형제 폐지 국가나 다름없습니다.

사형제에 찬성하는 사람들은 용서받지 못할 죄를 지은 흉악범이 혹독한 대가를 치러야 한다고 주장합니다. 고의로 살인을 저지르면, 그 범죄자의 목숨도 빼앗아야 옳다는 것이지요. 그와 달리 사형제가 흉악 범죄 발생률을 낮추지 못한다며 반대하는 사람들도 많습니다. 그들은 억울한 피해자가 생길 수 있다는 점도 강조하지요. 또한 '인간이 인간을 죽여도 되나?'라는 근본적인 의문을 갖기도 합니다.

얼마 전 한 국가기관의 여론조사에서는 사형제를 유지하자는 쪽이 59.8퍼센트, 폐지하자는 쪽이 20.3퍼센트로 나타났습니다. 나머지는 자신의 생각을 명확히 밝히지 못했고요. 그만큼 사형제의 유지와 폐지는 사회적 합의가 쉽지 않은 문제입니다.

한 걸음 더 (1) 다른 나라에는 사형제가 있나?

요즘은 사형제를 폐지하는 국가가 점점 늘어나고 있습니다. 국제 인권 단체 엠네스티의 조사에 따르면 사형제가 없는 나라는 110개국이 넘지요. 우리나라처럼 사형제가 있지만 10년 넘게 집행하지 않아 사실상 폐지된 것으로 분류되는 나라도 32개국에 이릅니다. 실질적으로 사형제를 유지하는 국가는 59개국 정도라고 하지요. 미국의 경우는 주마다 달라, 약 20여 개 주에서만 사형을 집행합니다.

한 걸음 더 (2) 사형제는 유지될까, 폐지될까?

우리나라에서 사형제에 반대하는 사람들은 1996년과 2010년에 '헌법소원'을 냈습니다. 헌법소원이란, 어떤 법률이 헌법 정신을 위반해 인간의 기본권을 침해하지 않나 헌법재판소에 심판을 요구하는 것이지요. 그 결과 두 차례 모두 합헌, 즉 사형제가 헌법의 취지에 맞다고 판결했습니다. 그 후 2019년 천주교 단체에서 또다시 세 번째 헌법소원을 내 머지않아 합헌인지 위헌인지 밝힐 예정이지요.

나의 생각메모

인권이 궁금해?

누구에게나 인간답게 살 권리가 있어

인간에게는 세상에 태어나면서부터 누구나 갖게 되는 기본적인 권리가 있습니다. 그것을 '인권'이라고 하지요. 다른 말로 '자연권'이라고도 하고요.

모든 인간에게는 인권이 있어 누구나 죄 없이 신체를 구속받지 않아야 하고, 누구에게나 자기 생각을 표현할 자유가 있습니다. 또한 종교를 선택할 자유, 자기 재산을 가질 자유, 거주지를 옮길 자유 등이 있지요. 그와 같은 개인의 자유와 권리가 훼손되는 상황을 '인권 침해'라고 합니다.

이를테면 사생활을 감시하려고 무인카메라를 설치하는 것, 피부색이 다르다고 다문화가정 친구를 따돌리는 것, 개인정보를 함부로 유출하는 것 등이 인권 침해 사례입니다. 성별, 장애, 나이 등을 이유로 차별하는 것도 명백한 인권 침해지요.

대한민국 헌법은 제10조에 '모든 국민은 인간으로서의 존엄과 가치를 가지며, 행복을 추구할 권리를 가진다. 국가는 개인이 가지는 불가침의 기본적 인권을 확인하고 이를 보장할 의무를 진다.'라는 내용을 밝혀두었습니다.

한 걸음 더 (1) 우리나라에는 국가인권위원회가 있어

대한민국 정부는 지난 2001년 국민의 인권 보호를 위해 '국가인권위원회'를 설립했습니다. 대통령의 업무 지휘를 받지 않는 독립 기관으로, 우리나라의 인권 의식이 얼마나 높아졌는지 잘 보여주지요. 그 전까지 인권에 관한 우리 사회의 인식은 추상적인 수준에 머물렀습니다. 하지만 국가인권위원회가 법률로써 인권이 무엇인지 구체적으로 정의 내려 보호 범위와 금지 조항 등을 정했지요.

한 걸음 더 (2) 세계인권선언에 대해 알고 싶어

'세계인권선언'은 1948년 유엔에서 채택한 세계 인권 선언문을 가리킵니다. 당시 제2차 세계대전에서 일어난 참혹한 비극이 널리 알려졌는데, 다시는 그와 같은 일이 반복되지 않아야 한다는 의미에서 세계 인권 선언문을 발표한 것이지요. 그 내용은 국적과 상관없이 인간으로서 반드시 지켜야 한 윤리 의식을 강조했습니다. 그 정신은 우리나라 국가인권위원회 설립의 근거가 되기도 했지요.

나의 생각메모

군중심리가 궁금해?

남들이 하니까 나도 해야지

'인간은 군중이라고 불리는 또 다른 인격을 가졌다.'라는 말이 있습니다. 여기서 군중은 단지 같은 장소에 모여 있는 무리가 아니지요. 설령 서로 멀리 떨어져 있더라도 어떤 감정이나 신념을 함께하면 '군중심리'를 갖게 됩니다.

군중심리를 쉽게 설명하면, 다수의 남들이 하는 대로 자기도 똑같이 결정하고 행동하는 것입니다. 인간에게는 홀로 남기보다 다수의 감정이나 신념에 섞이려는 심리가 있지요. 예를 들어 자기 취향과 상관없이 유행을 좇거나 무작정 악플에 동참하는 것 역시 일종의 군중심리입니다. 정치 상황에 대한 판단과 문화 상품을 선택할 때도 자주 군중심리가 작용하지요.

군중심리는 '다수를 따르는 편이 나에게 이익이 된다.'라는 믿음에서 출발합니다. 그것이 올바른지, 합리적인지 등은 별로 중요하지 않지요. 그래서 군중심리는 때로 커다란 위험을 불러옵니다. 숱한 독재자들이 군중심리를 이용해 전쟁을 일으켰지요. 일상생활에서도 군중심리는 소수를 향한 폭력을 행사하기 일쑤입니다.

한 걸음 더 (1) 집단지성은 뭐가 다를까?

공동체 구성원들이 서로 협력하고 경쟁하며 쌓은 지적 능력으로 얻은 지성을 '집단지성'이라고 합니다. 흔히 군중심리를 부정적으로 보는 것과 달리, 집단지성은 우리 사회에 개개인의 능력 범위를 넘어선 긍정적 영향을 끼친다고 평가하지요. 그것은 군중심리를 어리석은 개인의 집합으로, 집단지성은 생산적이며 가치 있는 개인의 집합으로 보는 시각입니다.

한 걸음 더 (2) 깨진 유리창 이론은 뭘까?

작은 무질서가 더욱 심각한 파괴나 범죄로 이어질 수 있다는 내용이 '깨진 유리창 이론'입니다. 깨진 유리창 하나를 내버려두면 사람들이 곧 다른 유리창들도 아무런 죄의식 없이 깨버릴 것이라는 경고를 담고 있지요. 먼저 깨져 방치된 유리창 하나는 아무도 그 일에 신경 쓰지 않는다는 신호입니다. 그것은 머지않아 더 큰 파괴나 범죄를 일으키는 군중심리를 불러오게 됩니다.

나의 생각메모

알 권리가 궁금해?

나도 그 일에 대해 알고 싶어

민주주의 국가에서는 누구에게나 어떤 정보에 접근하고, 수집하고, 처리할 권리가 있습니다. 아울러 자신이 원하는 정보 공개를 요구할 수도 있지요. 그것을 '알 권리'라고 하는데 그 대상은 정부나 기업도 예외가 아닙니다. 개인의 자유와 공익을 목적으로 하는 알 권리는 민주주의의 필수 요소지요.

현대 사회에서 알 권리를 실현하는 데는 언론의 역할을 빼놓을 수 없습니다. 사람들은 대개 언론 보도를 통해 정부 정책과 기업의 경영 상황 등에 관한 정보를 접하게 되지요. 그런 까닭에 언론의 자유를 중요하게 여기는 것입니다.

하지만 알 권리는 자칫 타인의 자유를 침해할 위험을 갖고 있습니다. 알 권리를 앞세워 타인의 사생활을 함부로 들추거나 개인정보를 유출하는 일이 종종 벌어지지요. 타인의 자유를 침해할 권리는 누구에게도 없다는 사실을 명심해야 합니다.

그럼에도 알 권리는 반드시 지켜져야 합니다. 왜냐하면 그것이 국민의 주권과 인간의 자유, 사회 구성원 간의 평등에 기여하는 바가 크기 때문입니다.

한 걸음 더 (1) 정보 격차를 줄여야 해

오늘날의 경쟁은 누가 더 다양하고 정확한 정보를 가졌느냐에 따라 판가름 난다고 해도 틀린 말이 아닙니다. 정보에 쉽게 접근하는 사람과 그렇지 못한 사람은 경제적 이익이나 사회적 신분에 차이가 날 수밖에 없지요. 그러므로 현대 사회에서는 구성원들의 '정보 격차' 문제를 해결하는 것이 매우 중요합니다. 21세기 정보화 사회에서 평등과 화합을 실현하려면 무엇보다 정보 격차를 줄여야 하지요.

한 걸음 더 (2) 우리에게는 잊힐 권리도 있어

디지털 문화가 발전하면서 엄청난 양의 자료가 가상공간에 쌓여 왔습니다. 그중에는 개인의 사생활과 관련된 것도 많지요. 디지털 자료는 저장, 복사, 배포가 쉽다는 특징이 있습니다. 따라서 먼 훗날에도 본인이 원하지 않는 자료가 가상공간에 존재할 수 있지요. 그런 현실에 문제의식을 가져 등장한 것이 '잊힐 권리'입니다. 가상공간에 있는 나의 자료에 접근을 막거나 완전히 삭제할 권리를 달라는 것이지요.

나의 생각메모

■ 정부와 관련 없이 민간이 자발적으로 조직한 단체인 '비정부기구'의 활동이 점점 활발해지고 있습니다. 주요 단체와 그들의 활동에 대해 알아보아요.

잠깐! 스스로 생각해봐!

■ 우리 사회에는 사형제처럼 사람들의 판단이 크게 엇갈리는 여러 문제가 있습니다. 동물 실험, 안락사, 외모지상주의 등에 대해 생각해보아요.

2

우등생이 공부하는
32가지 생각 씨앗

[세계]

같은 핏줄을 물려받은 한 겨레

'민족'은 대부분 일정한 지역에서 오랜 세월 동안 공동생활을 하며 만들어집니다. 자연스럽게 같은 언어를 사용하고, 종교와 풍속 등 문화적인 공통점을 갖지요. 내가 있고, 가족이 있고, 친척이 있고, 이웃이 있고, 그보다 넓은 의미로 민족이 있습니다. 따라서 민족을 구성하는 사람들 사이에는 개인적인 인연이 없더라도 유대감을 갖게 되지요. 유대감이란, 서로 밀접하게 연결되어 있다고 느끼는 감정입니다.

인류 역사에서 민족은 국가 형성에 매우 중요한 역할을 해왔습니다. 우리나라 역시 한국어를 쓰며 한반도를 중심으로 살아가는 '한민족'이라는 점을 내세워 국민의 단합을 강조해왔지요.

하지만 이제 국민과 민족이 반드시 일치해야 한다는 주장은 바람직하지 않습니다. 인종과 민족이 달라도 누구나 대한민국 국민이 될 수 있으니까요. 그것이 바로 '다문화 사회'입니다. 이제는 민족보다 더 넓은 의미인 '인간'을 무엇보다 중요하게 생각해야 할 때입니다.

한 걸음 더 (1) 민족주의와 탈민족주의

'하나의 민족이 똘똘 뭉쳐 자유와 독립을 유지하며 그 미래를 스스로 결정하는 것.' 이렇게 '민족주의'를 정의할 수 있습니다. 아직도 많은 사람들이 민족주의 가치관을 강조하지요. 그와 달리 '민족이라는 개념은 인류를 분열시키고 우리가 아닌 사람들을 증오하게 만드는 것'이라는 '탈민족주의' 가치관도 공감을 얻고 있습니다. 그들은 제1차 세계대전처럼 편협한 민족주의가 일으킨 역사적 비극에 주목하지요.

한 걸음 더 (2) 다른데 함께 살고, 같은데 따로 살고

미국은 다양한 민족과 인종이 뒤섞여 살아가는 대표적인 나라입니다. 그런 까닭에 이런저런 사회 갈등이 빚어지지만 서로 어울리고 노력해 세계 최강국으로 발전했지요. 미국과 달리 같은 민족이 몇몇 국가로 흩어져 살아가는 경우도 있습니다. 아랍 민족이 중동 지역에 여러 나라를 세운 것이 주요 사례지요. 그럼에도 아랍인들은 특히 아랍어라는 언어를 통해 민족적 유대감을 갖는다고 합니다.

나의 생각메모

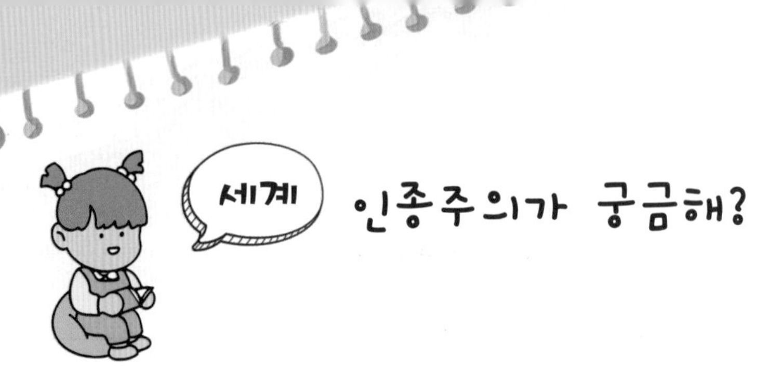

인종주의가 궁금해?

겉모습이 다르다고 차별하다니

'인종'은 생물학적 특성에 따라 인간을 분류한 것입니다. 피부색, 이목구비, 골격, 모발 등 유전적으로 계승되는 여러 특징을 바탕으로 하지요. 민족과 일치하는 부분도 있지만, 동일한 인종이라고 민족이 같은 것은 결코 아닙니다.

'인종주의'는 그와 같은 인종에 우열이 있다고 주장하는 사고방식입니다. 그런 믿음을 가진 사람들은 자기와 다른 인종에 대한 차별, 멸시, 박해를 정당화하지요. 백인의 흑인 차별, 나치스의 유대인 탄압, 식민지 침탈로 빚어진 원주민 학살 등을 예로 들 수 있습니다.

역사적으로 인종주의는 번번이 세계 평화를 위협해왔습니다. 인종주의를 앞세운 사람들은 아무런 죄의식 없이 폭력과 전쟁을 일삼았지요.

하지만 인종주의는 과학적 사실이 아니라 그릇된 편견일 뿐입니다. 인간의 도덕성이나 정신 능력 등을 인종과 연관 지어 설명하는 것은 비과학적이지요. 오히려 인종 간의 차이보다 같은 인종 내부의 차이가 훨씬 더 크다고 합니다.

한 걸음 더 (1) 순혈주의 그리고 배타주의

인종주의를 설명할 때 '순혈주의'와 '배타주의'라는 개념어를 빼놓을 수 없습니다. 순혈주의란, 자기와 같은 혈통만을 순수하고 좋은 것으로 여겨 다른 혈통의 사람들을 멀리하는 것입니다. 배타주의는 남을 이해해 받아들이기보다 무작정 배척하는 사고방식을 일컫지요. 인종에 대한 편견이 결국 순혈주의와 배타주의를 낳습니다.

한 걸음 더 (2) 인종주의는 인종 차별과 인종 혐오의 원인

인종주의는 '인종 차별'과 다르지 않은 말입니다. 그것은 특정한 인종을 극도로 싫어하는 '인종 혐오'로 나타나기 십상이지요. 인종 차별과 인종 혐오는 각종 범죄를 일으키며, 나아가 끔찍한 전쟁의 씨앗이 되기도 합니다. 오늘날에도 인종 간의 갈등과 충돌은 세계 각지에서 벌어지고 있습니다. 단지 황인종, 백인종, 흑인종 사이의 배척뿐만 아니라 작은 차이를 가진 인종 간에도 다툼이 끊이지 않지요. 인종주의는 인류의 오래된 질병입니다.

나의 생각메모

문명의 충돌이 궁금해?

인류의 분쟁을 바라보는 또 다른 시각

'문명의 충돌'이라는 개념은 미국 정치학자 새뮤얼 헌팅턴의 저서 『문명의 충돌』에서 비롯되었습니다. 이 책은 1996년 미국에서 처음 출간되고 나서 곧 세계적 베스트셀러가 되어 숱한 화제를 낳았지요.

저자는 공산주의가 몰락한 이후 세계는 이념 대립이 아니라 서로 다른 문명 간에 충돌이 일어날 것이라고 예상했습니다. 인류가 문화의 공통점보다 차이점에 집착해 크고 작은 마찰을 일으키리라 내다본 것이지요.

실제로 21세기에 접어들자 지구촌 곳곳에서는 문명의 충돌이 현실로 나타나기 시작했습니다. 중국을 중심으로 한 동아시아 유교 문명권이 서구 문명에 맞섰고, 기독교 문명과 이슬람교 문명의 갈등도 자주 빚어졌지요.

하지만 문명의 충돌이라는 관점에는 적지 않은 반론이 뒤따랐습니다. 미국인인 저자가 여전히 서양과 기독교 중심의 시각으로 세계를 바라봤기 때문이지요. 그럼에도 문명이 새로운 분쟁의 원인이라는 그의 주장은 충분한 설득력을 가졌습니다.

한 걸음 더 (1) 새뮤얼 헌팅턴의 세계 문명권 분류

새뮤얼 헌팅턴은 『문명의 충돌』에서 세계를 9대 문명권으로 나누었습니다. 그것은 기독교 문화인 '서방 문명권', 러시아와 동유럽의 '정교회 문명권', 아라비아 반도를 중심으로 한 '이슬람 문명권', 유교 문화인 '동북아시아 문명권'을 비롯해 '아프리카 문명권', '라틴아메리카 문명권', '힌두교 문명권', '불교 문명권', 그리고 다신교를 가진 '일본 문명권'이지요. 그와 같은 저자의 논리는 무엇보다 전 세계의 다채로운 문명을 9대 문명권으로 단순화시켰다는 한계를 보여줍니다.

한 걸음 더 (2) 『문명의 공존』도 있어

『문명의 충돌』은 서로 다른 문명 사이의 공존을 위한 노력은 설명하지 않고 오로지 대립과 갈등만 부각시켰다는 비판을 받았습니다. 인간이 창조한 문명이 인간을 부정적으로만 지배한다는 시각도 그렇고요. 특히 독일 학자 하랄트 뮐러는 1998년 『문명의 공존』을 펴내 서로 다른 문화의 공생과 융합을 이야기했습니다.

나의 생각메모

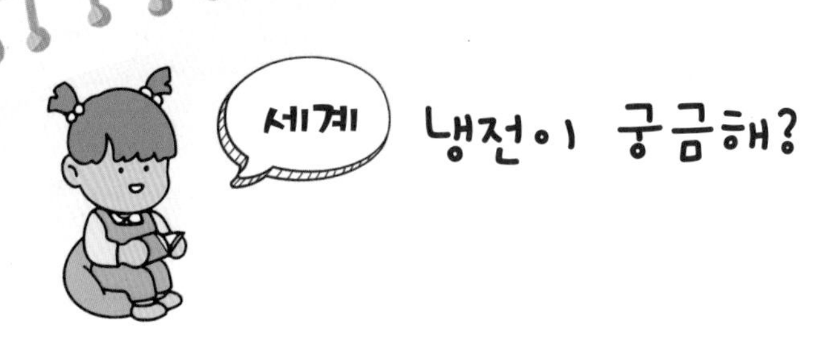

언제 전쟁이 터질지 몰라 불안했어

무력을 사용하는 전쟁을 '열전(hot war)'이라고 합니다. 그리고 비록 무기를 사용하지 않지만 극단적인 대립 상태에 있는 것을 '냉전(cold war)'이라고 하지요.

냉전은 제2차 세계 대전 후에 시작됐습니다. 전쟁이 끝나자 미국을 중심으로 한 자본주의 국가들과 소련을 중심으로 한 공산주의 국가들이 치열하게 대립했지요. 양 진영 사이에 세계 대전 규모의 전쟁은 없었지만 정치, 경제, 사회, 문화, 과학 등 모든 분야에서 한 치의 양보도 없는 적대 관계가 이어졌습니다.

냉전 기간은 1947년부터 1991년까지로 보는 것이 일반적입니다. 그동안 자본주의 세력과 공산주의 세력은 한국전쟁과 베트남전쟁 등을 통해 서로 힘을 겨루기도 했지요. 이념을 내건 전쟁은 세계 대전 못지않은 큰 비극을 불러왔습니다. 양 진영은 핵무기까지 앞세워 상대를 위협했으니까요.

그러나 다행히 1990년 독일 통일을 계기로 냉전은 빠르게 막을 내렸습니다. 이듬해 소련까지 무너지면서 자본주의와 공산주의의 이념 대립은 사실상 끝났지요.

한 걸음 더 (1) 소련이라는 나라가 있었어?

'소련'은 1922년 건국되어 1991년에 해체된 최초의 공산주의 국가입니다. 지금의 러시아를 중심으로 15개 공화국이 함께한 연방 국가였지요. 정식 명칭은 '소비에트사회주의공화국연방'으로, 그 약칭이 소련이었습니다. 당시 소련은 세계에서 가장 넓은 영토와 3번째로 많은 인구를 가진 공산주의 진영의 리더였지요.

한 걸음 더 (2) 북대서양조약기구 대 바르샤바조약기구

냉전 시기 지본주의 국가들과 공산주의 국가들의 군사 대립은 다양한 형태로 이루어졌습니다. 유럽에서는 1949년 미국과 동맹국들이 흔히 '나토(NATO)'라고 부르는 '북대서양조약기구'를 만들어 공산주의 세력을 견제했지요. 그러자 소련도 1955년 동유럽의 공산권 국가들과 함께 '바르샤바조약기구'를 만들어 대항했습니다. 하지만 1991년 소련이 몰락하면서 바르샤바조약기구는 해체됐지요.

나의 생각메모

데탕트가 궁금해?

그만 싸우고 사이좋게 지내

자본주의 진영과 공산주의 진영이 경쟁하며 40년 넘게 이어지던 냉전 시기에 한동안 화해의 기운이 감돌 때가 있었습니다. 1970년대 무렵 국제 정세에 변화가 생겨 미국과 소련이 극단적인 대립을 멈추었지요. 그처럼 적대 관계에 있던 국가들 사이에 긴장이 줄어들어 화해의 분위기를 띠는 것을 '데탕트'라고 합니다.

데탕트는 프랑스어로 완화, 이완, 해빙을 뜻합니다. 즉 긴박하고 불안하며 얼어붙은 상태가 긍정적인 방향으로 나아지는 것을 의미하지요.

당시 미국과 소련의 데당트는 많은 변화를 가져왔습니다. 양국의 지도자가 잇달아 상대 나라를 방문해 회담했고, 서독과 동독이 국제연합에 동시 가입해 충돌 가능성을 낮췄지요. 나아가 핀란드 헬싱키에서 유럽을 중심으로 35개국 정상이 모여 서로 신뢰를 쌓기도 했습니다. 당시 우리나라 역시 남북 간에 통일의 기본 원칙을 담은 공동 성명을 처음 발표했지요.

그래서 지금도 국제 정세에 평화가 찾아올 때마다 데당트라는 용어가 사용됩니다.

한 걸음 더 (1) 7·4 남북 공동 성명

세계적으로 데탕트 분위기가 자리 잡던 1972년, 한반도에서도 남한과 북한의 화해 시도가 있었습니다. 양쪽 정부는 분단 이후 최초로 공동 성명을 발표했지요. 그것을 일컬어 '7·4 남북공동성명'이라고 합니다. 앞서 말한 대로 7·4 남북공동성명에는 남북 간 통일의 기본 원칙을 담았습니다. 그 내용의 핵심은 '자주, 평화, 민족 대단결'이었지요.

한 걸음 더 (2) 미국과 중국의 핑퐁 외교

미국은 냉전이 한풀 꺾인 1970년대에 소련은 물론 중국과도 화해 분위기를 만들기 위해 노력했습니다. 거기에는 중국과 협력해 소련을 견제하려는 목적이 있었지요. 소련과 국경 분쟁을 겪던 중국 역시 미국과 가까이 지내려 했고요. 두 나라는 먼저 스포츠를 이용해 서로 손을 잡았습니다. 1971년 중국이 미국 탁구 선수단을 초청해 물꼬를 텄지요. 그것을 가리켜 '핑퐁(탁구) 외교'라고 합니다.

나의 생각메모

세계 제국주의가 궁금해?

힘세다고 남을 못살게 굴면 안 돼

한 국가가 막강한 군사력과 경제력을 앞세워 다른 나라를 침탈하려는 사상을 '제국주의'라고 합니다. 특히 19세기 후반 유럽을 중심으로 뻗어나간 근대 제국주의는 20세기 초까지 이어져 많은 사람들을 고통에 빠뜨렸지요.

그 시기 영국, 프랑스, 독일 등은 세계 곳곳을 침략해 식민지로 삼았습니다. 뒤이어 세력을 키운 미국과 일본도 다르지 않았지요. 제국주의는 다른 나라의 영토를 빼앗았을 뿐만 아니라 정치, 경제, 문화의 통치력을 강화해 막대한 이익을 챙겼습니다. 대개 아시아와 아프리카의 힘없는 국가들이 그 피해를 입었지요.

그 후 제국주의는 두 번의 세계 대전이 끝나고 나서 개념이 좀 달라졌습니다. 과거와 같은 영토 침탈은 거의 사라진 대신 정치, 경제, 문화의 식민지화는 여전히 계속되는 중이지요. 엄청난 자본을 앞세운 여러 강대국이 자신들의 상품을 파는 소비 시장으로, 값싼 제품을 만들어내는 생산 기지로 약소국들을 이용하고 있습니다. 그것은 곧 정치와 문화의 지배로 확대되지요.

한 걸음 더 (1) 패권주의도 공부해볼까?

힘을 앞세워 다른 나라를 지배하려는 '패권주의'는 흔히 제국주의를 비난하는 개념어로 사용됩니다. 냉전 시기 초강대국이었던 미국과 소련에 불만이 컸던 중국에서 처음 등장한 용어지요. 당시 중국 언론은 '미국과 소련의 패권주의가 세계 각국을 약탈한다.'라고 비판했습니다. 하지만 소련이 무너지고 21세기 들어 또 다른 초강대국이 된 중국은 정작 자신들이 패권주의 정책을 펼치고 있지요.

한 걸음 더 (2) 원래 제국은 그런 뜻이 아니야

'제국'의 사전적 의미는 '황제가 다스리는 나라'입니다. 예를 들어 '헝가리제국', '오스만제국', '대영제국'이라고 하는 식이지요. 그러나 앞서 설명했듯 제국주의는 전혀 다릅니다. 그때의 제국은 황제가 국가원수인 나라라는 뜻이 아니지요. 따라서 명확한 구별이 필요한 경우에는 특별히 '식민제국'이라는 표현을 사용하기도 합니다.

나의 생각메모

선진국과 후진국이 궁금해?

부자 나라, 가난한 나라

'선진국'은 경제가 매우 발전해 여러 산업이 체계를 갖추고 국민의 삶의 질이 높은 나라를 말합니다. 그와 반대로 '후진국'은 산업의 근대화와 경제 개발이 뒤처져 국민의 생활이 궁핍한 나라를 일컫지요.

물론 경제적으로 풍요롭다고 모두 선진국으로 인정받는 것은 아닙니다. 그럼에도 자본주의 체제에서는 경제력을 우선시하는 경우가 많지요. 선진국과 후진국을 '부자 나라'와 '가난한 나라'로 불러도 별 문제가 없을 정도입니다.

경제 관련 개념어로 공부한 '경제협력개발기구(OECD)'를 기억하나요? 거기에 속한 회원국 중 상당수가 선진국이라고 할 만합니다. 후진국 가운데 선진국이 되려고 열심히 노력하는 나라는 '개발도상국'이나 '신흥공업국'이라고 부르지요.

그런데 후진국 중에는 다른 나라보다 훨씬 더 가난한 '최빈국'도 있습니다. 그 나라들은 1년 동안 생산하는 모든 경제 가치가 한 사람당 1,000달러도 되지 않지요. 참고로, 선진국은 그 수치가 3~4만 달러에 이릅니다.

한 걸음 더 (1) 선진국이 후진국을 돕는 방법

경제 개발에 성공한 경제협력개발기구 회원국들은 다양한 형태로 후진국의 발전을 지원합니다. 그것이 곧 인류애를 실천하고 세계 평화를 가져오는 길이니까요. 그중 대표적인 것이 '공적개발원조'입니다. 민간 차원의 지원과 달리 각국 정부나 공공기관이 주도하는 원조를 말하지요. 거기에는 자금과 기술 지원 등이 포함됩니다.

한 걸음 더 (2) 대한민국의 공적개발원조 참여 수준

어느덧 대한민국은 경제 강국이 되어 가난한 나라들을 돕고 있습니다. 그 금액이 2020년대 들어 한 해 25억 달러 안팎인데, 경제력에 비하면 좀 부족한 편이지요.

현재 우리나라는 국민총소득 대비 0.15퍼센트 정도를 공적개발원조에 쓰고 있습니다. 그에 비해 일본 0.28퍼센트, 독일 0.61퍼센트, 영국 0.7퍼센트를 지원하지요. 대한민국의 공적개발원조 순위는 세계 15위권이라고 합니다.

나의 생각메모

세계 G7이 궁금해?

우리가 세계의 리더 국가야

'G7(지세븐)'의 탄생은 1975년으로 거슬러 올라갑니다. 당시 미국, 영국, 독일, 프랑스, 이탈리아, 일본 6개국 지도자들이 모여 첫 회의를 열었지요. 이듬해 캐나다가 합류해 7개 나라가 되었고, 그들의 모임은 G7이라고 불리기 시작했습니다.

당시 G7은 전 세계 인구의 14퍼센트를 차지했습니다. 그러나 경제력 비중은 60퍼센트가 넘었지요. 1인당 국민소득은 세계 평균의 4배에 달했고요.

G7은 세계가 맞닥뜨린 여러 경제 문제를 해결하기 위해 노력했습니다. 여느 일이 그렇듯 리더가 있어야 효율적으로 잘못을 고쳐 발전을 이끌 수 있지요. 그 목적대로 처음에 G7은 오로지 경제 문제만 다루었습니다. 이를테면 석유 값 안정과 경제 위기 해소, 가난한 나라들에 대한 지원 등이 주요 안건이었지요. 하지만 시간이 흐를수록 G7은 점점 정치와 외교 문제까지 의견을 나누었습니다. 최근에는 환경, 교육, 보건 문제 등도 중요하게 논의하고 있지요.

G7에서 알파벳 '지(G)는' '그룹(group)'을 의미합니다.

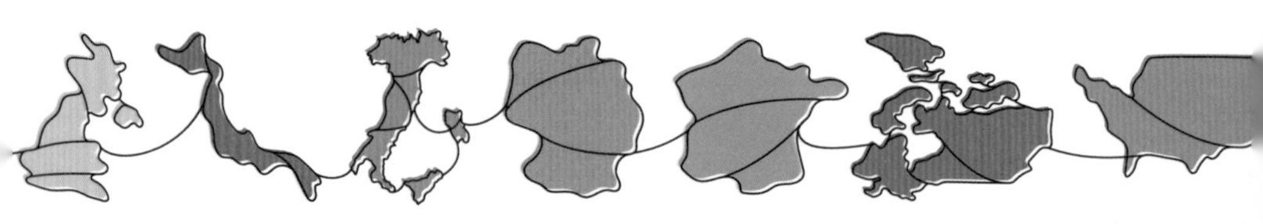

한 걸음 더 (1) G8도 있어

G7은 1997년 러시아가 참여해 'G8(지에잇)'이 되었습니다. 러시아는 세계에서 영토가 가장 넓은 나라이고, 인구 역시 9위에 달하지요. 국내총생산은 세계 11위 수준이지만 막강한 군사력과 과학기술을 바탕으로 존재감을 발휘합니다. 그런데 G8은 또다시 변화할 가능성이 있습니다. 얼마 전부터 중국의 가입을 주장하는 목소리가 들려오기 때문이지요. 사실 중국의 국가 경제력은 충분한 자격을 갖추었습니다. 다만 일부 나라들이 중국의 리더 국가 참여를 반대하고 있지요.

한 걸음 더 (2) G20도 있지

G8을 확장해 세계 20개 경제 강국이 모여 만든 국제기구가 'G20'입니다. 여기에는 우리나라도 포함되지요. 모두 선진국이라고 하기는 어렵지만, 저마다 각 대륙을 대표하는 나라들로 구성되어 있습니다. 그들은 세계 인구의 약 65퍼센트, 전체 교역량의 80퍼센트 안팎을 차지하는 만큼 국제 사회에서 큰 영향력을 갖지요.

나의 생각메모

세계 국제연합이 궁금해?

세계 평화와 번영을 위하여

'국제연합'은 영문 약칭으로 '유엔(UN)'이라고도 합니다. 1945년, 전쟁 방지 등 세계 평화를 위해 설립한 국제기구지요. 현재 회원국은 193개국으로 전 세계 거의 모든 나라를 포함한다고 해도 틀린 말이 아닙니다.

국제연합은 제2차 세계 대전에서 승리한 연합국들이 세계 평화와 안전을 유지하기 위해 만들었습니다. 미국의 프랭클린 루스벨트 대통령이 명칭을 제안했고, 미국 뉴욕에 본부를 두었지요. 국제연합 본부는 미국 영토에 있지만 '세계인의 땅'으로 지정되어 독립성을 부여받습니다.

국제연합은 '유엔 헌장'에 설립 목적을 구체적으로 밝히고 있습니다. 그중 핵심 가치는 '분쟁 중재와 해결', '집단적 안보 체제 확립', '평등과 자유, 인권에 대한 존중'이지요. 국제연합은 과거 냉전 시대에 국가 간 분쟁을 줄이는 등 세계 평화를 지키는 데 중요한 역할을 한 것으로 평가받습니다. 나아가 지금은 후진국을 위한 경제 개발 지원과 노동, 환경, 식량, 보건 문제 등의 해결에도 앞장서고 있지요.

한 걸음 더 (1) 국제연합의 다양한 역할

국제연합은 총회, 안전보장이사회, 경제사회이사회, 신탁통치이사회, 사무국, 국제사법재판소라는 6개 주요 기구로 구성되어 있습니다. 아울러 세계보건기구(WHO), 국제통화기금(IMF), 세계무역기구(WTO), 국제원자력기구(IAEA), 국제노동기구(ILO) 같은 전문 기구들도 소속되어 있지요. 그만큼 유엔은 전 세계의 안정과 번영을 위해 다양한 일을 하고 있습니다.

한 걸음 더 (2) 국제연합과 대한민국의 인연

국제연합은 한국전쟁 당시 유엔군 파병으로 대한민국과 깊은 관계를 맺었습니다. 그 후 우리는 이념으로 분단된 상황 탓에 1991년이 되어서야 남북한이 함께 유엔에 가입할 수 있었지요. 또한 15년이 지난 2006년에는 반기문 유엔 사무총장이 취임해 세계의 주목을 받았습니다. 유엔 사무총장은 1만 명이 넘는 국제연합 직원들을 이끌며 세계 평화를 위해 일하는 지도자라고 할 수 있지요.

나의 생각메모

세계유산이 궁금해?

전 인류의 보물이니 얼마나 소중해

국제연합의 여러 전문 기구들 중 하나인 '유네스코(UNESCO)'에서는 '세계유산' 보존을 위해 노력하고 있습니다. 세계유산이란, 특정 국가 차원을 넘어 모든 인류가 함께 지켜내야 할 가치가 있는 문화재 등을 일컫지요.

유네스코에서는 세계유산을 '세계문화유산', '세계자연유산', '세계복합유산'으로 나누어 지정합니다. 각 분야별로 전 인류의 보물이라고 할 만한 문화유산과 자연유산을 엄격히 선별해 보호하지요.

세계문화유산은 건축물이나 유적지 등을 가리킵니다. 이를테면 이집트의 피라미드, 그리스의 아크로폴리스, 중국의 만리장성 등이지요. 세계자연유산은 희귀동물이 사는 지역, 지구의 역사를 알 수 있게 하는 지역, 자연 경관이 매우 빼어난 지역 등을 말합니다. 에베레스트 산, 갈라파고스 섬, 루트 사막 등이 포함되지요. 세계복합유산은 말 그대로 자연과 문화의 가치가 복합되어 있는 곳을 의미합니다. 페루의 마추픽추 역사 보호 지구, 베트남의 짱안 경관 단지 등을 예로 들 수 있습니다.

한 걸음 더 (1) 유네스코가 하는 일

유네스코는 국제연합의 전문 기구입니다. 전 세계 국가들의 교육, 과학, 문화 교류를 강화할 목적으로 1946년에 설립했지요. 유네스코는 문맹 퇴치, 환경 문제에 관한 국제 연구 지원 등을 비롯해 인권 향상을 위해서도 다양한 일을 하고 있습니다. 세계유산 지정과 보호는 문화 분야에 관련된 대표적 사업이지요.

한 걸음 더 (2) 대한민국의 세계유산

유네스코는 1975년부터 시작해 지금까지 모두 1,100건이 넘는 세계유산을 지정했습니다. 그중에는 우리나라의 문화유산과 자연유산도 15개(2022년 기준) 포함되어 있지요. 현재 심사 중인 곳이 많아 그 수는 앞으로도 계속 늘어날 것입니다. 우리나라의 세계문화유산은 종묘, 석굴암과 불국사, 수원화성, 조선왕릉, 남한산성, 고인돌 유적, 서원 등입니다. 그리고 '세계자연유산'으로는 제주특별자치도 화산섬과 용암동굴을 비롯해 전국 각지의 갯벌을 손꼽을 수 있지요.

나의 생각메모

인류무형문화유산이 궁금해?

눈에 보이지 않는 것도 소중해

유네스코에서 지정한 세계유산은 모두 형체가 있습니다. 문화유산이든 자연유산이든 그것을 눈으로 보거나 손으로 만질 수 있지요. 멋진 문화재와 아름다운 풍경이 있는 곳에 직접 찾아가 실제 모습을 감상할 수 있습니다.

하지만 인류의 소중한 유산 중에는 형체가 없는 것도 아주 많습니다. 유네스코에서는 그와 같은 보물을 보전하기 위해 2001년부터 세계유산과 별개로 '인류무형문화유산'을 지정하고 있지요.

어느 면에서 인류무형문화유산은 세계유산보다 더 적극적으로 보호할 필요가 있습니다. 형체가 없어 소홀히 다뤄질 위험이 크기 때문이지요. 인류가 역사적으로 숱한 시행착오를 겪으며 쌓아온 지식과 기술, 관습, 예술 행위 등은 문화유산이나 자연유산 못지않게 보전해야 할 가치가 높습니다.

대한민국은 2022년 기준으로 유네스코가 지정한 21개의 인류무형문화유산을 갖고 있습니다. 강강술래, 판소리, 택견, 아리랑, 김장, 농악, 탈춤 등이 그것이지요.

한 걸음 더 (1) 세계기록유산도 있어

인류의 문화와 자연을 보존하기 위한 유네스코의 노력은 세계유산과 인류무형문화유산 지정에 그치지 않습니다. 한 가지 더, '세계기록유산' 지정도 있지요. 세계기록유산이란, 인류가 길이 보전할 가치를 지닌 기록물을 대상으로 합니다. 우리나라의 경우 훈민정음, 조선왕조실록, 승정원일기, 동의보감, 난중일기, 새마을운동 기록물, 5·18민주화운동 기록물 같은 세계기록유산을 갖고 있지요.

한 걸음 더 (2) 유네스코 등재를 위한 경쟁

오늘날 각국은 세계유산, 인류무형문화유산, 세계기록유산 등재를 놓고 치열한 경쟁을 펼칩니다. 그것이 곧 국력을 대변하거나, 한 나라의 문화 수준을 판가름하는 잣대로 받아들여지기 때문이지요. 위안부 기록물의 세계기록유산 등재를 놓고 한국과 일본이 갈등하는 것처럼 외교 문제를 빚기도 합니다. 유네스코가 처음에 의도했던 인류 문화 보전을 넘어 또 다른 차원의 국가 경쟁이 벌어지는 것입니다.

나의 생각메모

크리스트교와 이슬람교가 궁금해?

나의 믿음만큼 너의 믿음을 존중해

흔히 크리스트교 · 불교 · 이슬람교를 세계 3대 종교라고 합니다. 인류 역사에 큰 영향을 끼쳤고, 신자 수가 가장 많기 때문이지요. 그 밖에도 다양한 종교가 세계인의 삶에 깊이 뿌리내려 있습니다.

크리스트교는 가톨릭 · 개신교 · 정교회를 통틀어 가리키는 말입니다. 가톨릭은 우리 주변에 있는 성당, 개신교는 교회를 떠올리면 구분하기 쉽지요. 정교회는 러시아와 동유럽, 그리스 등을 중심으로 발전한 크리스트교입니다.

크리스트교는 세상을 창조한 유일한 신이 하나님이라고 말합니다. 그리고 하나님의 말씀을 전하러 온 예수의 가르침을 따르지요. 크리스트교의 역사는 2,000년이 넘으며 전 세계에 15억 명에 달하는 신자가 있다고 합니다.

이슬람교는 무함마드가 만든 종교입니다. 크리스트교의 하나님과 같은 유일신 알라를 믿으며, 경전 『코란』의 가르침을 따르지요. 이슬람교 신자는 9억 명쯤 되는데, 이슬람교가 국교나 다름없는 '이슬람 국가'만 해도 40여 개국에 이릅니다.

한 걸음 더 (1) 크리스트교와 이슬람교의 다툼

사람들은 서로 종교가 다르다는 이유로 충돌하고는 합니다. 그중 대표적인 것이 '십자군 전쟁'으로, 크리스트교와 이슬람교가 예루살렘 지역의 지배권을 놓고 충돌했지요. 현재 이스라엘에 속해 있는 예루살렘은 두 종교에서 모두 성지로 여겨 다툼이 잦았습니다. 1095년에 시작된 십자군전쟁은 1456년까지 계속됐지요. 그 사이 수많은 사람이 생명을 잃었고, 인류의 소중한 문화유산이 파괴됐습니다.

한 걸음 더 (2) 불교도 빼놓을 수 없어

불교는 기원전 6세기 무렵 인도의 석가모니가 만든 종교입니다. 아시아를 중심으로 많은 신자들이 있지요. 불교는 석가모니를 하나님 같은 유일신으로 숭배하지 않습니다. 누구든 이 세상의 번뇌에서 벗어나 해탈하면 부처가 될 수 있다고 가르치지요. 번뇌란 일상생활에서 느끼는 욕심, 화, 미움 같은 감정들을 말합니다. 그런 번뇌에서 자유로워진 상태가 해탈인 것이고요.

나의 생각메모

성서가 궁금해?

경전의 가르침을 제대로 따르고 싶어

종교의 교리를 적은 책을 '경전'이라고 합니다. 그중 크리스트교의 경전을 '성서'라고 하지요. 다른 말로 '성경'이라고도 하는데, 그것은 하나님의 말씀이라는 경전의 의미를 좀 더 강조한 표현입니다.

성서는 39권의 구약성서와 27권의 신약성서로 이루어져 있습니다. 원래 구약성서는 이스라엘에서 사용하는 히브리어로, 신약성서는 그리스어로 씌어졌지요.

구약성서는 하나님이 우주 만물을 창조했고, 다스리며, 심판한다는 교리를 담고 있습니다. 신약성서 역시 구약성서의 교리를 그대로 계승하지요. 그와 더불어 하나님의 아들인 예수가 십자가에 못 박혀 죽었다가 부활하여 인류를 구원한다는 믿음을 담고 있습니다.

크리스트교는 성서를 반드시 지키고 따라야 할 신의 말씀으로 여깁니다. 그러므로 성서를 부정하거나 모욕하면 종교 자체를 부정하는 것으로 받아들이지요. 그와 같은 면은 유일신을 믿는 종교의 특징 중 하나로 볼 수 있습니다.

한 걸음 더 (1) 다른 종교의 경전들

많은 종교들, 특히 창시자가 있는 종교는 저마다 경전이 있습니다. 경전은 창시자의 말씀과 행동, 예언 등을 기록한 책이라고 할 수 있지요. 크리스트교 · 불교 · 이슬람교가 모두 그런 경우입니다. 크리스트교 경전이 성서라면 불교의 경전은 '불경'이라고 합니다. 이슬람교의 경전은 '코란(또는 쿠란, 꾸란)'이라고 하고요. 그 밖에 힌두교는 '베다', 유대교는 '토라'라는 경전을 갖고 있습니다.

한 걸음 더 (2) 유신론자와 무신론자

어느 종교든 신이 있다고 믿는 사람들을 '유신론자'라고 합니다. 크리스트교 신자나 이슬람교 신자나 모두 유신론자인 것이지요. 그와 달리 세상에는 아무런 종교도 갖지 않은 사람들 또한 아주 많습니다. 그중에는 "세상에 신은 없어!"라며 종교를 부정하는 사람들도 있는데, 그런 사람들을 가리켜 '무신론자'라고 합니다.

나의 생각메모

종교의 차원을 넘어 사용되는 단어

국어사전에서 '메카'를 찾아보면 '어떤 분야의 중심이 되어 사람들이 동경하고 숭배의 대상으로 삼는 곳'이라고 설명되어 있습니다. 이를테면 '올림픽 정식 종목인 태권도의 메카는 대한민국'이라고 표현할 수 있지요.

그런데 메카(Mecca)는 원래 이슬람교의 최고 성지를 가리키는 말입니다. 그곳은 사우디아라비아에 있는 도시로, 이슬람교 창시자 마호메트가 태어난 지역이지요. 아랍어로는 '마카'라고 합니다.

이슬람교를 믿는 사람들은 하루에 다섯 번씩 메카가 있는 방향으로 예배를 올립니다. 어느 나라, 어느 지방에 살든 반드시 지켜야 할 규칙이지요. 그러므로 이슬람교 신자들은 메카를 항상 가슴 깊이 새기고 있는 셈입니다.

그뿐 아니라 많은 이슬람교 신자들이 해마다 직접 메카를 찾아 성지 순례를 합니다. 이슬람교에서는 매년 12월이 순례의 달인데, 그때마다 200~300만 명의 신자들이 메카에 모여들어 자신들이 믿는 알라에게 기도하지요.

한 걸음 더 (1) 모스크는 또 뭐야?

교회, 성당, 사찰 등은 각 종교의 신자들이 모여 예배를 올리는 장소입니다. 이슬람교에서는 그 장소를 '모스크'라고 하지요. 우리말로는 '성원'이라고 하고요. 모스크라는 말에는 '이마를 땅에 대고 절하는 곳'이라는 뜻이 담겨 있습니다. 그곳에는 '키블라'라는 장치가 있어 이슬람교 신자들이 예배하는 방향을 가리키지요. 모든 모스크의 키블라는 메카에 위치한 신전 쪽으로 향해 있습니다.

한 걸음 더 (2) 크리스천·무슬림·불자

크리스트교를 믿는 사람을 가리켜 '크리스천'이라고 합니다. '그리스도인'이나 '기독교인'이라고도 하지요. 그리고 이슬람교 신자는 '무슬림'이라고 합니다. '이슬람교도'나 '회교도'라고도 하고요. 불교 신자의 경우 남자는 '우바새', 여자는 '우바이'라는 용어가 있지만 대개 '불자'라는 말을 사용합니다.

나의 생각메모

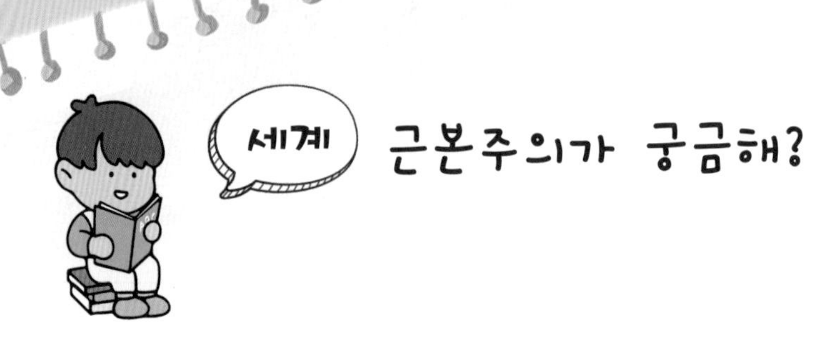

나의 신념으로 남을 박해하면 안 돼

본래 나쁜 뜻이 아닌데 그것을 실천하는 사람들이 그릇되게 행동하는 경우가 있습니다. 종교 교리를 더욱 충실하게 따르려는 '근본주의'도 그렇지요. 경전을 원리 원칙대로 믿는 것이 신앙의 근본이라고 주장하는 태도가 근본주의입니다.

그런데 근본주의는 자신이 믿는 특정한 종교관 단 하나만이 절대적 진리라고 주장하는 순간 문제를 일으킵니다. 그와 같은 근본주의는 같은 종교를 가진 이웃마저 작은 차이를 내세워 배척하지요. 오로지 자신의 신념만 합리화하면서 서슴없이 남을 박해하기도 합니다.

사실 근본주의 신자들은 경전의 내용을 폭넓게 이해하지 못하는 경우가 많습니다. 그들은 자신의 생각을 뒷받침하는 교리만 제멋대로 해석하기 일쑤지요. 그리고 거기서 더 나아가 자신의 가치관을 다른 사람들에게 강요하는 것입니다.

근본주의는 다른 말로 '원리주의'라고도 합니다. 오늘날 각 종교의 근본주의는 다른 종교와 충돌할 가능성이 매우 커 주의가 필요합니다.

한 걸음 더 (1) 근본주의는 무엇의 반대일까?

근본주의와 반대되는 개념어는 '근대주의'라고 할 수 있습니다. 근대주의는 자신이 믿는 경전에도 오류(잘못되어 이치에 맞지 않는 것)와 모순(앞뒤가 어긋나 맞지 않는 것)의 가능성이 있다고 생각하는 자세지요. 그래서 과학과 교리를 조화시켜 서로 보완하려는 노력을 펼치기도 합니다. 근본주의가 소홀히 여기는 객관성과 합리성을 중요하게 받아들이는 것이지요.

한 걸음 더 (2) 종교 갈등이 거의 없는 다종교 국가

대한민국은 '다종교 국가'입니다. 개신교, 불교, 가톨릭을 비롯해 원불교, 천도교, 대종교 등의 종교를 믿는 신자도 적지 않지요. 종교가 없는 국민 역시 45퍼센트 안팎에 이르고요. 그럼에도 우리나라에는 심각한 종교 갈등이 별로 없습니다. 전혀 다른 종교들을 믿으면서 우리나라 국민처럼 화합하며 살아가는 경우는 드물지요. 종교 갈등으로 고민하는 여러 나라의 모범이라 할 만합니다.

나의 생각메모

제노사이드가 궁금해?

어떤 이유로도 용서받을 수 없어

제2차 세계 대전 중 나치 독일은 엄청난 수의 유대인을 학살했습니다. 그처럼 국가, 민족, 인종, 종교, 이념 등이 다르다는 이유로 다른 집단을 박해하고 대량 살상하는 행위를 '제노사이드'라고 합니다.

제노사이드를 우리말로 옮기면 '집단 학살'이라고 할 수 있습니다. 1944년 폴란드 출신 법률학자 라파엘 렘킨이 그와 같은 만행을 범죄 행위로 규정하면서 제노사이드라는 용어를 처음 사용했지요. 그 후 국제연합은 '집단살해죄의 방지와 처벌에 관한 협약'을 체결했습니다. 2002년에는 국제형사재판소를 만들기도 했고요.

제노사이드는 흔히 '인종 청소'나 '민족 말살' 같은 끔찍한 구호와 함께 벌어집니다. 앞서 사례로 든 유대인 대학살뿐만 아니라 아프리카의 수단과 르완다 내전, 코소보 전쟁, 보스니아 전쟁 등에서 대량 학살이 일어났지요. 단지 종족이나 민족, 종교가 다르다고 그런 짓을 서슴없이 저지른 것입니다. 그 밖에 아시아 일부 국가에서 일삼는 소수 민족 탄압도 제노사이드로 볼 수 있습니다.

한 걸음 더 (1) 최악의 제노사이드, 홀로코스트

제2차 세계 대전 중 나치 독일이 유대인을 상대로 한 제노사이드를 '홀로코스트'라고 합니다. 전쟁 기간 약 600만 명에 달하는 유대인이 인종 청소라는 명분 아래 학살됐지요. 당시 유럽에 거주하던 유대인의 3분의 2가 살해당한 믿기 힘든 비극이었습니다. 아돌프 히틀러는 유대인뿐만 아니라 슬라브족, 집시, 장애인, 동성애자 등 모두 1천만 명이 넘는 사람들을 집단 학살한 것으로 알려져 있지요.

한 걸음 더 (2) 제노사이드가 본능이라고?

많은 학자들은 자연계의 모든 동물이 본능적으로 공격성을 갖는다고 말합니다. 그러나 무기를 사용하는 인간처럼 집단 학살을 저지르는 경우는 없다고 덧붙이지요. 그런데 일부 학자들은 인간이 아닌 동물 사회에서도 제노사이드가 벌어진다고 주장합니다. 집단생활을 하는 사자, 늑대, 원숭이, 개미 같은 동물은 종종 동종 간의 대학살을 일으킨다고 하지요. 제노사이드가 본능이라면, 정말 안타까운 일입니다.

나의 생각메모

■ 오늘날에도 세계 곳곳에서 인종주의의 비극이 일어나고 있습니다. 구체적인 사례를 조사하고, 인종주의를 치유할 방법을 생각해봐요.

잠깐! 스스로 생각해봐!

■ 오늘날 미국과 함께 세계 양대 강국으로 평가받는 중국은 'G7(지세븐)'이나 'G8(지에잇)'에 포함되지 않습니다. 그 이유가 무엇이며, 여러분의 생각은 어떤가요?

멜팅팟과 샐러드볼이 궁금해?

다인종·다문화를 받아들이는 두 가지 자세

미국은 대표적인 다인종, 다문화 국가입니다. 여러 나라에서 온 이민자들이 하나의 공동체를 이루어 살아가지요. 미국만큼은 아니더라도 대한민국을 비롯한 전 세계 많은 나라들이 점점 다인종, 다문화가 어우러진 사회로 탈바꿈하는 중입니다.

다양한 인종과 저마다 다른 문화가 함께 조화를 이루며 살아가는 방법은 크게 두 가지로 설명할 수 있습니다. 그중 하나는 '멜팅팟 이론'이고 다른 하나는 '샐러드볼 이론'이지요.

멜팅팟은 '인종의 용광로'를 의미합니다. 따라서 멜팅팟 이론은 각각의 문화가 서로 다른 쇠붙이들처럼 용광로 안에서 녹아 완전히 융합해야 한다는 주장이지요. 귀화를 했든 이민을 왔든, 원래 존재하던 사회의 언어를 배우고 관습을 받아들여야 옳다는 것입니다. 그와 달리 샐러드볼 이론은 국가라는 큰 그릇 안에서 여러 문화가 고유의 모습을 지키며 동등하게 어울려야 바람직하다는 것이지요. 각 문화가 가진 다양성을 지켜야 한다는 말입니다.

한 걸음 더 (1) 멜팅팟 이론을 실천하는 국가

미국은 멜팅팟 이론을 받아들여 국민의 화합을 이루려는 나라입니다. 수많은 이민자들이 용광로 같은 미국 사회에 녹아들어 하나의 공동체를 만들고 있지요. 그들은 지배적인 백인 문화에 적응해 미국 사회의 당당한 구성원이 되려고 노력합니다. 중국의 경우는 한 걸음 더 나아가 소수 민족의 문화가 한족 문화에 철저히 지배를 받아야 한다고 강조합니다. 소수 민족 문화는 개성을 내세우기보다 중국의 주류인 한족 중심 문화를 발전시키는 데 밑거름이 돼야 한다는 것이지요.

한 걸음 더 (2) 샐러드볼 이론을 실천하는 국가

서유럽 국가들은 다인종, 다문화 시대에 주로 멜팅팟 이론보다 샐러드볼 이론을 받아들입니다. 예를 들어 독일은 이민자들에게 무조건 독일어를 배우거나 독일 문화를 따르라고 강요하지 않지요. 독일 사회에 적응하려는 노력은 필요하지만, 그것을 강제하기보다는 이민자들의 여러 문화가 샐러드처럼 개성 있게 어울려 또 다른 새로운 맛을 내기를 바랍니다.

나의 생각메모

같은 나라 사람들끼리 왜 싸우나 몰라

같은 나라 안에서 공동체 구성원들끼리 벌이는 전쟁을 '내전'이라고 합니다.

그것은 주권이나 영토를 빼앗을 목적으로 국가 간에 대립하는 보통의 전쟁과 성격이 전혀 다릅니다. 대개 한 나라 안에서 서로 다른 세력들이 정치적 주도권을 차지하기 위해 다투는 것이지요.

내전이 발생하는 원인은 크게 4가지입니다.

첫째, 이념의 충돌이 내전을 일으킵니다. 한국전쟁과 베트남전쟁을 예로 들 수 있습니다. 둘째, 자신들의 정치적 이익을 앞세운 진영 사이에 내전이 일어나기도 합니다. 권력을 독점하던 카다피가 죽은 후 리비아에서 일어났던 내전이 그런 사례입니다. 셋째, 한 나라 안에서 민족이나 종교가 달라 빚어지는 내전입니다. 이를테면 르완다의 부족 간 분쟁과 시리아의 종교 갈등 등이 그렇지요. 넷째, 같은 나라 안에서 특정 세력이 분리 독립을 시도해 내전이 벌어지기도 합니다. 노예 제도 유지와 폐지를 두고 맞붙은 미국의 남북전쟁이 그와 같은 경우입니다.

한 걸음 더 (1) 내전을 영어로 표현하면?

영어권 국가에서는 내전을 '시빌 워(civil war)'라고 합니다. 우리말로 그대로 옮기면 '시민 전쟁'이지요. '시민이 자유를 얻기 위하여 일으키는 국내 전쟁'이라는 뜻으로 해석할 수 있습니다. 미국에서는 남북전쟁을 '더 시빌 워(The Civil War)' 또는 '아메리칸 시빌 워(American Civil War)'라고 하지요. 하지만 비극으로 치닫기 일쑤인 모든 내전의 이유가 '시민이 자유를 얻기 위한 것'은 결코 아닙니다.

한 걸음 더 (2) 혁명이거나 반란이거나

대부분의 역사적 사건이 그렇듯, 내전 역시 결과에 따라 그 정의가 완전히 달라집니다. 내전의 승리는 '혁명, 독립, 자유'의 의미를 갖지만 내전의 패배는 '반란, 폭동, 파괴'의 꼬리표를 달기 십상이지요. 그런데 내전의 승리와 패배가 똑같은 운명에 맞닥뜨리기도 합니다. 어느 쪽이든 무력 충돌로 빚어진 비극과 후유증을 감당해야 하지요. 실제로 내전이 끝난 사회는 오랫동안 심각한 혼란을 겪게 됩니다.

나의 생각메모

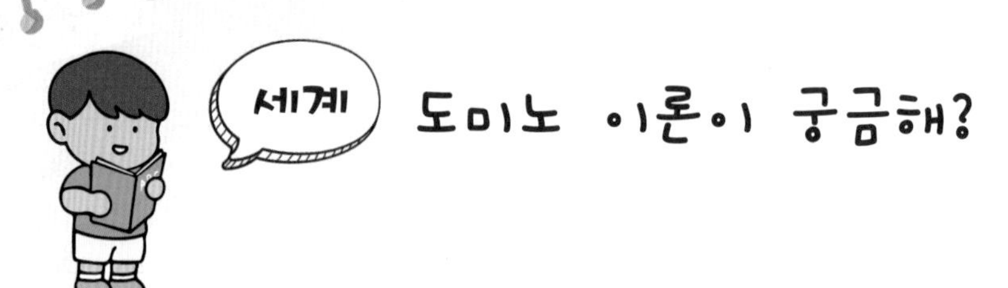

도미노 이론이 궁금해?

네가 쓰러지니까 나도 쓰러지잖아

냉전이 한창이던 1954년, 미국 국무장관 존 덜레스는 '도미노 이론'을 주장했습니다. 원래 도미노는 이탈리아에서 만든 게임 도구를 가리키던 말이지요. 덜레스는 거기에 정치적 의미를 담아 새로운 개념어로 사용했습니다.

도미노 이론이란, 어느 지역의 한 국가가 공산화되면 이웃 나라들도 차례로 공산화된다는 경고였습니다. 그 무렵은 중국과 북한이 공산화되어 미국이 바짝 긴장하던 때였지요. 곧이어 베트남 북부에도 공산 정권이 들어서자, 덜레스는 베트남 전체의 공산화를 막아야 한다며 미국 정부의 개입을 요청했습니다.

당시 덜레스는 베트남의 공산화만 걱정한 것이 아니었습니다. 그는 베트남이 공산화되면 동남아시아 국가들이 잇달아 공산주의로 기울 것이라고 판단했지요. 그때 덜레스는 자신의 생각을 강력하게 전달하기 위해 도미노 이론을 이야기했습니다. 실제로 베트남이 공산주의로 통일된 후 이웃 국가인 라오스, 캄보디아 등이 잇달아 공산화되면서 도미노 이론이 현실로 나타났지요.

한 걸음 더 (1) 의미가 확장된 도미노 이론

요즘은 신문이나 방송을 통해 도미노 이론(또는 '도미노 현상')이라는 말을 자주 접하게 됩니다. 과거 공산화에 대한 경고를 넘어, 하나의 충격이 그것으로 그치지 않고 연쇄 반응을 일으킨다는 뜻으로 폭넓게 사용되지요. 예를 들어 큰 회사가 망해 그곳에 부품을 납품하는 작은 회사들이 줄줄이 문을 닫게 되는 현상을 설명할 때 도미노 이론을 이야기합니다.

한 걸음 더 (2) 도미노 이론에 근거한 하인리히 법칙

산업 현장 등에서 큰 사고가 일어나기 전에는 반드시 그와 관련된 작은 사고들과 징후가 있다고 합니다. 그 사실을 이론적으로 밝힌 것이 '하인리히 법칙'이지요. 미국 출신의 허버트 하인리히는 도미노 이론을 이용해 사고 발생 과정을 5단계로 분석했습니다. 가장 첫 단계의 사소한 결함을 무시하면 도미노처럼 잇달아 문제가 이어져 결국 사망 사고 같은 심각한 결론에 이른다고 지적했지요.

나의 생각메모

배타적 경제 수역이 궁금해?

여기까지 우리 바다야

국경선은 영토뿐만 아니라 바다에도 있습니다. 바다는 석유와 천연가스를 비롯해 다양한 자원이 묻혀 있는 보물창고지요. 한 국가의 미래가 바다를 어떻게 개발하느냐에 달려 있다고 해도 지나친 말이 아닙니다.

그런 까닭에 바다와 접한 국가들은 저마다 소유권을 주장합니다. 다른 나라가 영토를 침범하면 전쟁이 벌어지듯 바다를 탐내도 충돌이 일어나지요. 현재 국제연합은 각 나라의 연안에서 200해리까지 바다 소유권을 인정하고 있습니다.

'해리'는 바다에서 거리를 나타내는 단위로, 200해리는 370.4킬로미터와 같습니다. 그러니까 바다와 접한 국가에서 그 지점까지는 연구와 개발 등 모든 권리를 행사할 수 있다는 뜻이지요. 그것을 '배타적 경제 수역(EEZ)'이라고 합니다.

배타적 경제 수역은 바다에서 한 국가의 경제적 주권이 미치는 영역입니다. 그러나 다른 나라의 배나 비행기가 지나가는 것을 막을 수 없다는 점에서 한 국가가 완전한 주권을 행사하는 해양 지역인 '영해'와는 개념이 다르지요.

한 걸음 더 (1) 배타적 경제 수역의 문제점

국제연합에서는 지난 1982년부터 배타적 경제 수역을 인정했습니다. 해당 바다와 접한 국가가 여러 가지 주권적 권리를 갖게 됐지요. 하지만 배타적 경제 수역을 정하는 것은 말처럼 쉽지 않습니다. 특히 같은 바다를 사이에 둔 국가 간에 해양 폭이 400해리가 안 되면 분쟁이 일어날 위험이 크지요. 특히 섬이 많은 지역에서는 그와 같은 문제가 더욱 복잡합니다.

한 걸음 더 (2) 대한민국의 배타적 경제 수역

사실 1970년대부터 강대국들은 제멋대로 배타적 경제 수역을 선포했습니다. 1982년 뒤늦게 국제연합이 나서서 관련 규정을 만들고 국제법화시켰을 뿐이지요. 우리나라는 1996년이 되어서야 배타적 경제 수역을 선포했습니다. 중국과 마주한 서해를 비롯해 일본과 마주한 동해의 폭이 좁아 논의가 더 필요했기 때문입니다.

나의 생각메모

자유무역협정이 궁금해?

관세를 없애야 무역이 더 활발해져

각 나라의 무역 정책 방향을 크게 2가지로 구분할 수 있습니다. 하나는 '보호무역'이고, 다른 하나는 '자유무역'이지요. 보호무역은 자기 나라 상품의 경쟁력을 높이기 위해 외국 상품에 관세를 부과하거나 수입 제한 조치 등을 하는 것입니다. 그와 반대로 자유무역은 관세를 대폭 줄이거나 없애며, 수입 제한 조치 등을 하지 않아 국내외 상품이 자유롭게 경쟁하도록 놓아두는 것입니다.

세계 경제는 1970년대부터 보호무역이 대세였습니다. 그런데 많은 나라들이 경쟁적으로 관세를 올리는 등 보호무역 정책을 펼치다 보니 자주 마찰이 빚어졌지요. 그러자 높은 관세를 물리는 데 앞장섰던 강대국들이 자유무역을 주장하기 시작했습니다. 그것이 앞으로는 자기 나라에 더 많은 이익을 가져다주는 정책 방향이라고 판단했기 때문입니다.

그래서 1995년 이후 세계 무역 질서에 새롭게 등장한 것이 '자유무역협정'입니다. 간단히 영문 머리글자를 따서 '에프티에이(FTA)'라고도 합니다.

한 걸음 더 (1) 관세를 부과하는 이유

요즘도 대부분의 나라가 외국에서 수입하는 상품에 '관세'를 물립니다. 관세란, 앞서 '경제 개념어'에서 설명했듯 상품이 국경을 통과할 때 내는 일종의 세금이지요. 관세를 내고도 이익을 남기려면 수입 상품 값이 비싸질 수밖에 없습니다. 그만큼 국내 상품이 수입 상품과 경쟁할 때 가격 면에서 유리하게 되지요. 그처럼 관세를 물려 자기 나라 산업을 보호하는 것은 대표적인 보호 무역 정책입니다.

한 걸음 더 (2) 자유무역협정에 관해 좀 더 알아볼까?

자유무역협정은 2개 국가, 혹은 몇 개의 국가가 모여 무역 장벽을 없애는 협의를 하는 것입니다. 2개 국가 사이에 이루어진 자유무역협정 사례로는 '한국, 미국 자유무역협정'이 있지요. 또한 몇 나라가 모여 체결한 자유무역협정으로는 미국, 캐나다, 멕시코의 '북미자유무역협정(NAFTA)' 등을 손꼽을 수 있습니다. 그처럼 3개국 이상이 관계된 것을 특별히 '다자간자유무역협정'이라고 합니다.

나의 생각메모

유럽연합이 궁금해?

정치는 몰라도 경제는 함께할 수 있어

'경제 개념어'에서 '유로'에 대해 공부했습니다. 그때 '유럽연합(EU)'을 몇 차례 언급했지요. 1993년, 유럽의 12개국이 정치와 경제 통합을 실현할 목적으로 유럽연합을 출범시켰습니다. 2022년 기준으로 회원국 수가 27개국으로 늘어났지요.

유럽 각국은 1957년부터 지역 공동체를 만들기 위해 노력해왔습니다. 그러다가 유럽연합을 구성해, 경제 분야부터 본격적인 통합을 추진했지요. 유럽연합의 공동 화폐인 유로가 대표적인 결실입니다. 그처럼 유럽연합은 화폐와 국경의 구분 없는 하나의 공동체로 탈바꿈하고 있는데, 언젠가는 정치까지 통합시키는 것이 궁극적인 목표입니다.

유럽은 러시아를 제외하면 다른 대륙에 비해 면적이 넓지 않습니다. 그런데 어느 대륙보다 많은 30여 개 나라들이 오밀조밀 몰려 있지요. 그러다 보니 자꾸 이웃나라들과 갈등을 빚게 되고 불필요한 경쟁을 벌여왔습니다. 따라서 유럽연합의 탄생은 국가 간 갈등을 줄이며, 유럽 전체의 발전을 이루는 데 도움이 될 것입니다.

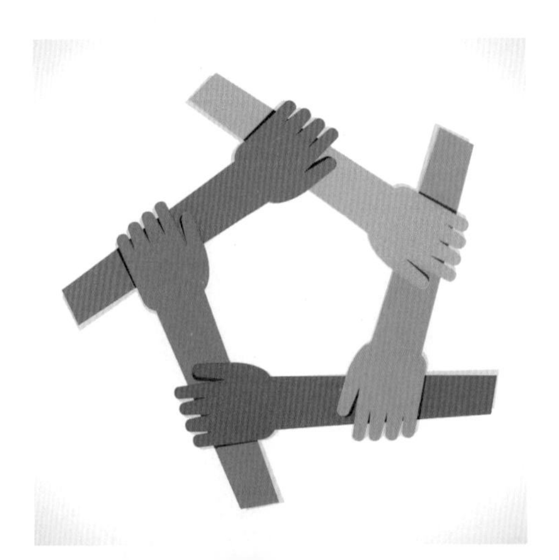

한 걸음 더 (1) 유럽 각국이 통합을 이루려는 이유

제2차 세계 대전 이전만 해도 세계의 중심은 유럽이라고 할 만했습니다. 정치적으로나 경제적으로나 다른 대륙보다 앞서 발전했지요. 찬란한 문화도 꽃피웠고요. 하지만 미국을 비롯해 아시아 국가들이 성장하면서 상황이 달라졌습니다. 점점 위기감을 느끼던 유럽 국가들은 결국 함께 힘을 모아야 한다고 생각했지요. 자기들끼리 분열해서는 다른 대륙 국가들과 경쟁해 승산이 없다고 판단한 것입니다.

한 걸음 더 (2) 통합은 쉽지 않아!

유럽연합 회원국 수는 앞으로도 계속 늘어날 가능성이 높습니다. 지금도 몇몇 국가들이 적극적으로 유럽연합에 가입하고 싶어 하지요. 하지만 모든 국가가 유럽연합 회원국이 되려는 것은 아닙니다. 기존 회원국이었던 영국은 2020년 스스로 유럽연합에서 탈퇴했지요. 그 결정은 영국 국민의 투표로 결정됐습니다. 그 사건을 가리켜 '브렉시트(Brexit)'라고 하는데, 영국을 뜻하는 단어 '브리튼(Britain)'과 탈출을 뜻하는 단어 '엑시트(exit)'가 합쳐진 신조어입니다.

나의 생각메모

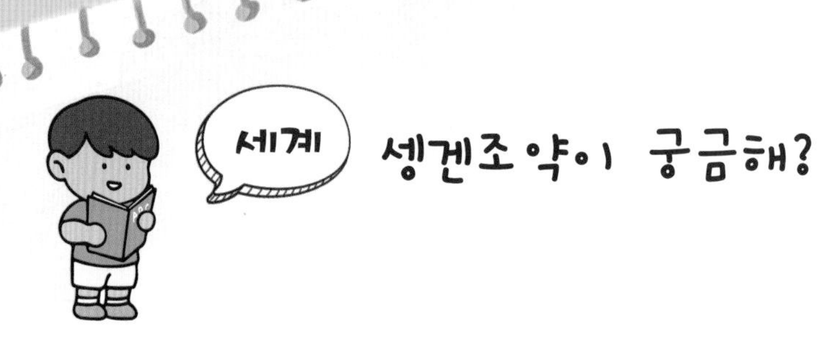

생겐조약이 궁금해?

여기는 하나의 나라나 다름없어

유럽 국가 중 하나인 룩셈부르크 남부에 셍겐이라는 지역이 있습니다. 1985년, 그곳에서 룩셈부르크를 비롯해 독일, 프랑스, 네덜란드, 벨기에가 모여 서로 국경을 개방하기로 약속했지요. 그것이 '셍겐조약'의 출발점이었습니다.

유럽 대륙에는 많은 나라들이 빼곡히 국경을 맞대고 있습니다. 만약 모든 국경마다 검문소를 만들고 철조망을 설치한다면 엄청난 비용이 들겠지요. 당연히 바로 옆 나라를 여행하려고 해도 여권과 비자가 필요할 것입니다. 그런 일은 경제적으로나 시간적으로나 낭비가 클 뿐 아니라 유럽의 각 나라 국민들이 거리감을 느끼는 원인이 될 수밖에 없습니다.

유럽 각국은 유럽연합이라는 지역 공동체를 출범시키기 위해 오랜 세월 노력해왔습니다. 그 과정에 탄생한 것이 셍겐조약이지요. 오늘날에는 섬나라인 영국과 아일랜드 등을 제외한 대부분의 유럽 국가가 가입해 있습니다. 그 덕분에 유럽 대륙에서는 사람과 상품의 이동이 마치 한 나라처럼 자유로워졌지요.

한 걸음 더 (1) 외국에 가려면 여권과 비자가 필요해

대부분의 경우 한 나라에서 다른 국가로 가려면 반드시 '여권'이 있어야 합니다. 여권은 외국을 여행하는 사람의 국적 등을 증명하는 국제 신분증이지요. 상대 국가에 여행자의 신분 보호를 의뢰하는 문서 역할도 합니다. 또한 일정 기간 이상 외국에 머물려면 그곳 정부의 허가를 받아야 하는데, 그 증명서를 가리켜 '비자'라고 하지요. '사증' 또는 '입국사증'이라고도 합니다.

한 걸음 더 (2) 유럽자유무역연합도 가입한 솅겐조약

현재 유럽연합에 27개국이 가입해 있지만, 우리에게 익숙한 몇몇 나라들은 여전히 회원국이 아닙니다. 그 가운데 스위스, 노르웨이, 아이슬란드, 리히텐슈타인은 따로 '유럽자유무역연합(EFTA)'을 결성했지요. 이 국제기구는 일찍이 1960년에 만들어져 역사가 꽤 깊습니다. 하지만 유럽자유무역연합 역시 솅겐조약에는 가입해 다른 유럽연합 국가들과 자유롭게 교류합니다.

나의 생각메모

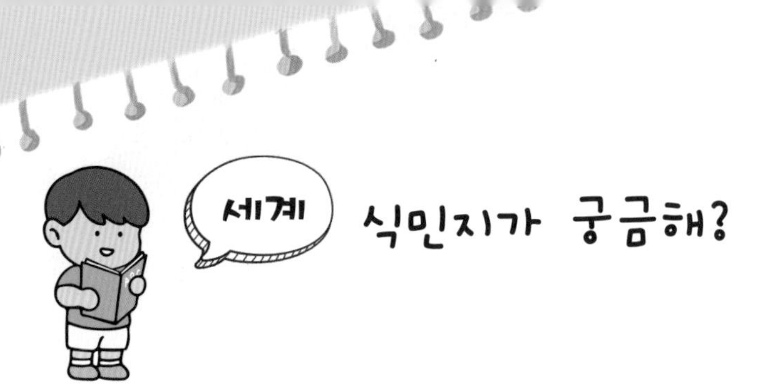

다른 나라를 침탈하지 마

원래 '식민지'라는 용어에는 부정적 의미가 담겨 있지 않았습니다. '인간이 오랫동안 거주하던 곳을 떠나 새로운 지역으로 옮겨 개척한 땅'을 가리켰지요. 그러던 것이 인류 역사의 변화에 따라 다른 국가나 다른 민족의 지배를 받는 지역, 총칼을 앞세운 착취의 의미를 띠게 되었습니다.

무력을 통한 침략의 식민지 역사는 15세기 말부터 본격적으로 시작되었습니다. 그 무렵 포르투갈은 브라질을, 스페인은 다른 중남미 국가들과 필리핀을 정복했지요. 뒤이어 네덜란드가 지금의 인도네시아 일부, 프랑스가 베트남, 영국이 인도 등을 강탈했습니다. 그 후 아시아에서도 일본이 식민지 정책을 펼쳐 우리나라를 비롯해 필리핀, 인도네시아, 대만 등이 크나큰 고통을 받았지요.

그러나 제2차 세계 대전이 끝나고 식민지 국가들은 독립을 위해 단결했습니다. 강대국의 무력에 거세게 저항하기 시작했지요. 그 결과 아시아, 아프리카, 중남미에서 여러 식민지 국가들이 자유를 되찾았습니다.

한 걸음 더 (1) 해가 지지 않는 나라가 있었다고?

영국은 한때 세계 최고의 강대국이었습니다. '해가 지지 않는 나라'로 불릴 정도였지요. 총칼을 앞세워 정복한 식민지가 워낙 넓어, 영국 본토에 밤이 찾아와도 그들이 지배하는 어딘가에는 해가 떠 있다는 의미였습니다. 영국은 한반도보다 약간 큰 섬나라입니다. 그런데 19세기 후반에는 전 세계 대륙의 4분의 1을 다스렸지요. 그야말로 식민 지배의 최강국이었습니다.

한 걸음 더 (2) 아프리카는 국경선이 이상해

흔히 국경선은 커다란 산이나 강 같은 자연 환경을 기준으로 정해집니다. 전쟁으로 영토를 뺏고 빼앗기는 과정을 통해 결정되기도 하지요. 그러다 보니 대부분의 국경선이 꼬불꼬불, 들쑥날쑥한 모습을 띠게 됩니다. 그런데 아프리카 대륙은 다릅니다. 마치 자를 대고 그은 것처럼 반듯한 국경선이 많지요. 그것은 유럽 국가들이 아프리카를 식민지로 삼으면서 제멋대로 땅을 나눠 가졌기 때문입니다. 그 후 대부분의 아프리카 국가들이 그 국경선을 따라 독립했습니다.

나의 생각메모

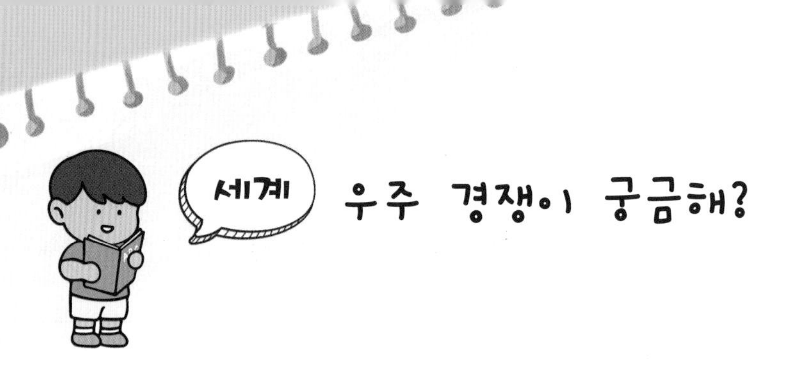

세계 우주 경쟁이 궁금해?

우주는 드넓고, 지구는 비좁아

냉전이 한창이던 시절, 미국과 소련은 우주에서도 뜨거운 경쟁을 벌였습니다. 먼저 신호탄을 쏘아올린 쪽은 소련이었지요. 1957년 10월, 소련은 세계 최초의 인공위성 스푸트니크 1호를 발사했습니다. 그에 질세라 미국도 이듬해 1월 인공위성 익스플로러 1호를 우주 궤도에 진입시켰지요.

그 후 1961년, 소련의 공군 장교 유리 가가린이 보스토크 1호를 타고 우주로 날아가 1시간 48분 동안 지구를 둘러보았습니다. 보스토크 1호는 시속 2만7,400킬로미터의 엄청난 속도로 비행했지요. 세계 최초의 우주 비행사인 가가린은 임무를 마치고 나서 무사히 지구로 돌아왔습니다.

초기 '우주 경쟁'에 뒤졌던 미국은 1969년 아폴로 11호로 인류 최초의 달 착륙에 성공해 놀라움을 안겨줬습니다. 미국과 소련의 우주 경쟁은 체제 싸움이면서 자존심을 건 한판 승부였지요. 그들의 우주 경쟁은 소련이 해체되고 나서야 막을 내렸습니다. 그 뒤 지금은 더 많은 나라가 우주 경쟁에 참여하고 있지요.

한 걸음 더 (1) 세계 여러 나라의 우주 경쟁

오늘날 우주 경쟁에 나선 국가는 소련의 업적을 이어받은 러시아와 미국뿐 아닙니다. 중국, 프랑스, 일본, 독일, 인도, 영국, 이탈리아 등의 수준도 무척 높지요. 우리나라 역시 수십 년 전부터 많은 예산을 들여 우주 경쟁에 뛰어들었습니다. 그 결과 우주에 한국형 발사체를 쏘아올리고, 달 궤도선을 일정한 지점까지 보내는 데 성공했지요. 현재 대한민국의 우주과학 기술은 세계 7위권으로 평가받습니다.

한 걸음 더 (2) 우주 개발에 뛰어드는 민간 기업

과거에는 강대국 정부가 우주 개발을 독점했습니다. 하지만 21세기에 접어들면서 몇몇 민간 기업이 적극적으로 우주 개발에 나섰지요. 그 일에는 미국의 정보통신기술 기업 창업자들이 앞장섰습니다. 그중 일론 머스크는 우주 탐사 기업 '스페이스엑스'를, 제프 베이조스는 민간 우주 기업 '블루오리진'을 만들었지요. 그들은 로켓 재활용에 성공했고, 달과 화성 탐사를 계획하는 등 우주 개발을 주도하고 있습니다.

나의 생각메모

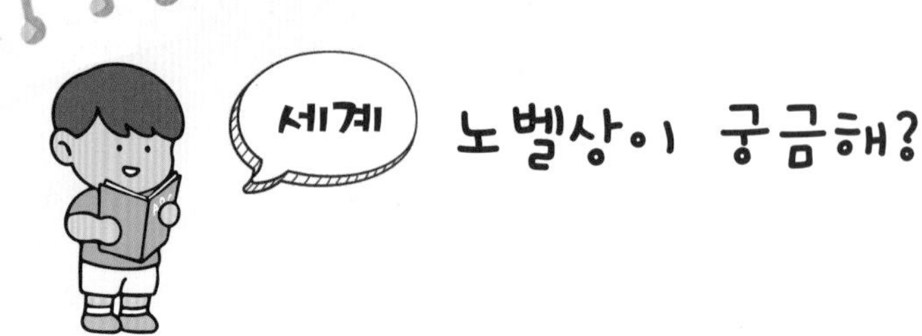

인류 발전을 위해 이바지한 사람들

'인류 복지에 공헌한 사람들에게 나누어주도록 스웨덴 왕립과학아카데미에 재산을 기부하겠다.'

다이너마이트를 개발해 큰 부자가 된 알프레드 노벨이 세상을 떠나며 남겨놓은 유언장의 일부 내용입니다. 그는 자신의 재산으로 기금을 만들고 그 이자로 매년 위대한 업적을 이룬 사람들에게 메달과 상금을 주고 싶어 했지요.

노벨의 유언에 따라, 스웨덴 왕립과학아카데미는 노벨재단을 설립해 1901년부터 '노벨상'을 수여하고 있습니다. 노벨상은 물리학, 화학, 생리·의학, 문학, 평화, 그리고 경제학의 6개 분야로 나누어 수상자를 선정하지요. 노벨 경제학상은 1969년 맨 마지막으로 시상 분야에 포함됐습니다.

노벨상 시상식은 해마다 노벨이 사망한 12월 10일 스웨덴 스톡홀름에서 열립니다. 다만 노벨평화상은 같은 날 노르웨이의 오슬로에서 시상하지요. 왜냐하면 노벨평화상은 노르웨이 노벨위원회가 주관하기 때문입니다.

한 걸음 더 (1) 다이너마이트를 만든 알프레드 노벨

'다이너마이트'는 노벨이 만든 고체 폭약의 상표명이었습니다. 노벨의 다이너마이트는 다른 폭약들보다 훨씬 더 강력하면서도 안전해 큰 인기를 끌었지요. 영국과 미국 등 여러 나라에서 특허를 받아 광산을 비롯한 건설 현장에서 널리 사용됐습니다. 하지만 다이너마이트는 워낙 살상력이 강해 전쟁 무기로 쓰이면서 악명을 떨치기도 했지요. 노벨은 큰돈을 벌었지만, 그런 점에서 양심의 가책을 느꼈습니다.

한 걸음 더 (2) 노벨상 수상자를 가장 많이 배출한 나라는?

현재까지 노벨상 수상자가 가장 많은 나라는 미국입니다. 세계 과학과 경제를 이끄는 최강대국이다 보니 어쩌면 당연한 결과라고 할 수 있지요. 2022년 기준으로 미국의 노벨상 수상자는 모두 404명이나 됩니다. 그 뒤를 이어 영국 137명, 독일 111명, 프랑스 72명이지요. 미국과 유럽 이외 지역에서는 일본이 29명의 노벨상 수상자를 배출했습니다. 우리나라는 아직 1명에 그치고 있지요.

나의 생각메모

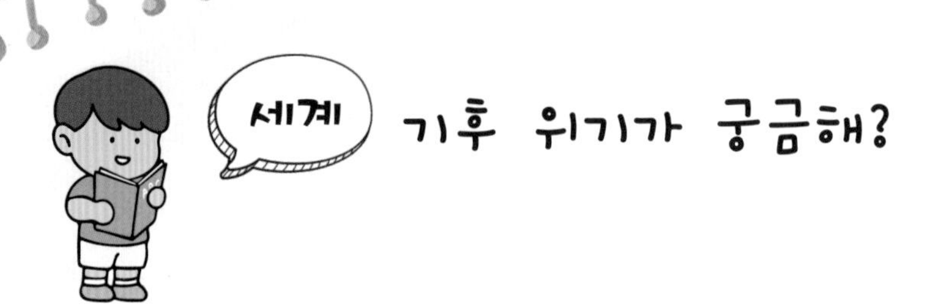

세계 기후 위기가 궁금해?

자칫 잘못하면 인류가 멸망할 수 있어

최근 들어 전 세계의 주요 과제로 떠오른 것 중 하나가 '기후 위기'입니다. 우리나라를 비롯해 많은 나라들에서 여름 폭염이 갈수록 심해지고, 봄가을에 폭우가 쏟아지기 일쑤지요. 겨울에는 이상고온 현상이 나타나는가 싶다가도 상상 이상의 폭설이 내려 일상을 마비시키고는 합니다.

대표적인 기후 위기라면 뭐니 뭐니 해도 지구 온난화입니다. 지구의 온도가 너무 높아진 탓에 앞서 이야기한 현상들이 대부분 나타나지요. 국제연합에서는 지구 온난화가 계속될 경우 70~80년 내 주요 생물들이 다수 멸종할 것이라는 보고서를 펴내기도 했습니다. 예전에는 수만 년 걸렸던 1~2도의 지구 온도 변화가, 이제는 불과 수십 년 만에 나타나기 때문입니다.

급격한 기후 변화는 자연 생태계를 파괴하고 새로운 질병을 퍼뜨립니다. 지구 온난화는 선진국이나 후진국만의 문제가 아니지요. 세계 각국이 공해 물질 배출을 줄이는 등 함께 노력하지 않는다면 모든 걱정이 그대로 현실이 될 수 있습니다.

한 걸음 더 (1) 이산화탄소가 문제야

지구 온난화의 주범은 '이산화탄소'입니다. 이산화탄소는 지구에서 우주로 방출하는 열에너지를 흡수해 지구 표면을 마치 온실 내부처럼 만들지요. 산업혁명 이후 이루어진 전 세계의 경제 발전 과정에 이산화탄소가 너무 많이 배출되어 지구의 '온실 효과'를 높인 것입니다. 그래서 요즘 세계 각국은 이산화탄소를 배출하는 만큼 흡수해 그 양을 0에 맞추는 '탄소중립'을 강조하고 있지요.

한 걸음 더 (2) 전 지구인의 위기감, 파리기후변화협약

기후 위기는 어느 한 국가가 아니라 전 지구의 운명이 걸린 문제입니다. 그래서 2015년 프랑스 파리에서 열린 국제연합 기후 변화 본회의에서 무려 195개국이 '파리기후변화협약'에 가입했지요. 그 내용은 산업화 이전 수준과 비교해 지구의 평균 온도가 2도 이상 상승하지 않도록 이산화탄소, 메탄, 아산질소 같은 온실가스 배출을 단계적으로 줄여가자는 약속입니다.

나의 생각메모

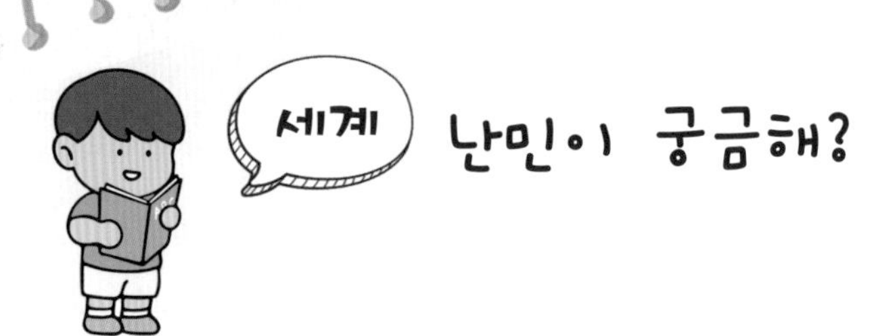

집을 잃고 떠도는 사람들

자기 나라에 닥친 전쟁이나 재난을 피해 외국으로 향하는 사람들이 있습니다. 인종이나 민족, 종교, 사상의 박해 때문에 어쩔 수 없이 다른 나라로 피신하는 사람들도 있지요. 그들을 가리켜 '난민'이라고 합니다.

인류 역사를 살펴보면 숱한 난민이 있었습니다. 큰 전쟁이 벌어질 때마다 수많은 사람들이 고향을 등져야 했고, 세계 각지에 공산주의 혁명이 몰아칠 적에도 엄청난 수의 사람들이 목숨을 지키기 위해 외국으로 피난했지요. 앞서 제노사이드를 설명하며 언급한 인종 청소나 민족 말살이 자행된 곳에서도 어김없이 난민이 발생했습니다. 국제난민기구 통계에 따르면, 지금 이 순간에도 전 세계에 약 3,500만 명이 넘는 난민이 존재한다고 하지요.

오늘날 전 세계 주요 국가들은 자기 나라에 입국한 난민을 보호해야 할 의무를 갖고 있습니다. 1951년 국제연합에서 난민 협약을 체결했기 때문이지요. 우리나라도 1991년부터 국제연합의 지침을 따르고 있습니다.

한 걸음 더 (1) 난민에 관대한 나라

독일에 거주하는 외국인 비율은 약 10퍼센트에 달합니다. 그중에는 해외 난민이 상당수 포함되어 있습니다. 독일에 망명을 신청하는 난민만 해도 해마다 수십만 명이나 되지요. 신청자 모두에게 정착을 허용하는 것은 아니지만, 독일 정부에서는 그들을 수용하기 위해 적극적으로 노력하고 있습니다. 그 결과 독일 내 외국인의 약 15퍼센트가 전쟁과 가난, 박해 등을 피해 도망 온 난민들이라고 합니다.

한 걸음 더 (2) 난민 입국을 막는 나라들

이미 설명했듯, 국제연합 난민 협약에 따라 세계 각국은 자기 나라에 입국한 난민을 무작정 내쫓거나 방치해서는 안 됩니다. 그랬다가는 국제적 비난과 제재에 맞닥뜨리지요. 하지만 많은 나라들이 국내 여론과 정치적, 경제적 부담을 내세워 되도록 난민을 받지 않으려고 합니다. 그들은 난민 협약을 위반할 수는 없어 아예 입국을 막기 위한 정책을 펼치지요. 난민이 입국하지 못하면 의무도 없으니까요.

나의 생각메모

베를린 장벽이 궁금해?

우리도 통일을 이루고 싶어

제2차 세계 대전이 끝나고 1980년대까지, 독일은 대한민국과 함께 대표적인 분단 국가였습니다. 그런데 서독과 동독으로 나뉘었던 독일은 1990년 통일을 이루었지요. 그 역사적 사건의 첫 걸음에 등장하는 것이 '베를린 장벽'입니다.

베를린은 독일의 수도입니다. 독일이 제2차 세계 대전에서 패한 뒤 연합국은 미국·영국·프랑스가 서쪽 지역을, 소련이 동쪽 지역을 각각 통치하기로 합의했지요. 그렇게 서독과 동독이 탄생한 것입니다. 아울러 당시 동쪽 지역에 있던 수도 베를린도 그처럼 절반씩 나눠 통치했는데, 1961년 시민들의 자유로운 왕래를 막기 위해 동독에서 세운 것이 바로 베를린 장벽입니다.

베를린 장벽은 동서로 약 40킬로미터에 달하는 콘크리트 담장이었습니다. 그것은 곧 미국을 중심으로 한 자본주의와 소련이 이끄는 공산주의의 냉전을 상징하는 건축물로 자리 잡았지요. 그 후 소련이 붕괴되고 독일 통일이 추진되면서, 마침내 1989년 베를린 장벽을 무너뜨릴 수 있었습니다.

한 걸음 더 (1) 독일 분단을 결정한 얄타 회담

제2차 세계 대전이 연합국의 승리로 기울어가던 1945년 2월, 미국·영국·소련의 지도자가 모여 회담을 열었습니다. 장소는 크림반도에 있는 얄타였지요. 그 회담에서 연합국은 나치 잔재 청산 등의 내용에 합의했는데, 그중 하나가 독일 분할 통치 및 비무장화였습니다. 당시 연합국 모임을 일컬어 '얄타 회담'이라고 합니다.

한 걸음 더 (2) 베를린 시민들의 왕래를 막은 이유

독일이 분단된 후, 소련과 동독 정부는 서베를린 시민들이 줄지어 동베를린으로 이주할 것이라고 생각했습니다. 공산주의 체제가 더 뛰어나다고 믿었기 때문이지요. 하지만 현실은 정반대였습니다. 오히려 동베를린 시민들이 잇달아 서베를린으로 향했으니까요. 그러자 동독 정부에서는 베를린 장벽을 세워 시민들의 왕래를 막았습니다. 그럼에도 베를린 장벽을 허물 때까지, 200여 명이나 사살된 위험 속에서도 5천여 명의 동베를린 시민들이 서베를린으로 탈출했습니다.

나의 생각메모

중국 밖에 사는 중국 사람들

2022년, 세계 인구가 80억 명을 돌파했습니다. 그중 중국과 인도의 인구가 각각 14억 명이 넘어 1, 2위를 다투지요. 그동안 세계에서 인구가 가장 많은 나라는 중국이었는데, 머지않아 인도가 추월할 것이라고 예상합니다.

그런데 중국은 인도와 달리 외국으로 이민한 동포도 매우 많습니다. 그렇게 해외에 정착한 중국인을 '화교'라고 하지요. 대부분 싱가포르, 말레이시아, 인도네시아 등 아시아에 살지만, 전 세계에 화교가 없는 나라는 거의 없을 정도입니다.

화교는 대체로 사업에 남다른 재능을 보입니다. 동남아시아 거주 화교는 전체 인구의 6퍼센트에 불과하지만, 그 지역 경제력의 86퍼센트를 소유하고 있을 정도지요. 회교 사업가와 상인을 가리켜 '화상'이라고 부릅니다.

또한 화교들은 외국에서 살아가는 만큼 자기들끼리 똘똘 뭉쳐 생활하는 경향이 있습니다. 그들의 집단 거주지를 '차이나타운'이라고 부르지요. 대부분의 국가에서 차이나타운은 큰 도시 중심지에 형성되어 있습니다.

한 걸음 더 (1) 왜 중국인에게는 '화'를 붙일까?

해외 거주 중국인을 화교, 그곳에서 사업이나 장사하는 중국인을 화상으로 부른다고 설명했습니다. 그럼 중국인과 관련된 개념어에는 왜 자주 '화'를 붙일까요? 중국인들은 스스로 자신을 높여 '화인'이라고 합니다. 한자로는 빛날 화(華)에 사람 인(人)이지요. 그 말에는 중국이 세상의 중심이라는 자부심이 깃들어 있습니다.

한 걸음 더 (2) 전 세계 화교 인구는 얼마나 될까?

중국과 대만 밖에 거주하는 화교 수를 정확히 헤아리기는 어렵습니다. 화교의 역사가 긴 만큼 자신들이 정착한 사회에 동화된 경우도 적지 않지요. 그럼에도 전 세계 화교 인구를 5천만 명 정도로 보는 것이 일반적입니다. 그 가운데 약 3천만 명이 동남아시아에 살고 있다고 하지요. 특히 싱가포르는 전체 인구의 70퍼센트, 말레이시아는 25퍼센트가 화교라고 합니다.

나의 생각메모

카스트 제도가 궁금해?

21세기에도 사라지지 않은 신분 제도

인도는 정보통신기술 강국입니다. 우주 경쟁에도 꽤 앞서 있는 나라고요. 아직 1인당 국민총소득은 낮지만, 엄청난 인구와 수준 높은 기술력을 가진 주요 국가 중 하나로 평가받습니다. 많은 학자들이 20~30년쯤 뒤에는 인도가 세계 5대 경제 강국이 될 것이라고 예상하지요.

그런데 인도의 미래를 여전히 어둡게 보는 사람들도 적지 않습니다. 몇 가지 이유가 있는데, 그중 하나가 '카스트 제도' 때문이지요. 인도는 민주주의가 발달한 21세기에도 여전히 카스트 제도라는 엄격한 신분제를 고집하고 있습니다.

카스트 제도는 인도인을 크게 '브라만(승려), 크샤트리아(무사·귀족), 바이샤(농민·상인), 수드라(노예)' 네 가지 계급으로 구분합니다. 아울러 어디에도 속하지 못하는 '달리트'라는 비천한 신분이 있지요. 인도 사람은 누구나 태어나면서부터 그 계급들 중 어느 하나에 속하게 됩니다. 그리고 대를 이어 정해진 신분에서 벗어날 수 없는 것이 원칙이지요.

한 걸음 더 (1) 정말로 사람을 그렇게 대한다고?

인도 카스트 제도의 최하층 신분은 달리트입니다. '하리잔'이라고도 하지요. 그들을 일컫는 또 다른 말이 있는데, 끔찍하기 짝이 없게 '불가촉천민'입니다. 그것은 '몸이 닿으면 안 되는 천한 사람'이라는 뜻이지요. 불가촉천민은 인도 인구의 약 15퍼센트에 달한다고 합니다. 그들은 평생 빨래, 청소, 도살 같은 궂은일을 도맡지요. 국가 정책은 불가촉천민에 대한 차별을 금지하도록 바뀌었지만, 아직도 사람들의 인식은 크게 달라지지 않았습니다.

한 걸음 더 (2) 인도에 대해 좀 더 알고 싶어

인도의 국토 면적은 세계 7위입니다. 인구는 중국과 1, 2위를 다툴 정도고요. 국내총생산 규모는 이미 세계 6위 수준입니다. 국민의 약 80퍼센트가 힌두교를 믿으며, 이슬람교 신자가 13퍼센트로 뒤를 잇지요. 인도는 예로부터 수학과 천문학이 매우 발달한 나라였습니다. 그런 전통이 오늘날로 이어져 핵무기와 인공위성을 개발했고, 노벨상 수상자도 여러 명 배출했지요.

나의 생각메모

세계 북극과 남극이 궁금해?

가장 추운 곳의 놀라운 가치

북극과 남극의 성격은 완전히 다릅니다. 북극은 바닷물이 얼어 거대한 얼음덩어리가 떠 있는 것인데, 남극은 드넓은 대륙을 두꺼운 얼음덩어리가 뒤덮은 것이지요. 그래서 남극을 포함해 전 세계를 7대륙이라고도 합니다.

북극을 살펴보면 지구의 기후 변화를 확인하고 예측할 수 있습니다. 북극해에는 수산 자원이 풍부하며, 많은 양의 천연 자원도 묻혀 있을 것으로 판단하지요. 그런데 현재 북극보다 세계 각국이 치열하게 경쟁하고 있는 곳은 남극입니다.

현재 남극은 특정 국가의 영토가 아니므로 어느 나라든 자유롭게 과학 탐사를 할 수 있습니다. 다만 핵 실험 등으로 남극을 오염시키지는 말자고 합의했지요. 그렇지만 언제 어느 나라가 남극에 욕심을 내 독차지하려 들지 모르는 일입니다.

남극에는 대한민국을 비롯해 미국, 러시아, 일본, 중국, 브라질, 독일 등 10여 개 국가의 과학 기지가 있습니다. 세계 각국이 평균 기온 영하 55도의 남극에서 이미 뜨거운 경쟁을 벌이고 있는 것입니다.

한 걸음 더 (1) 우리나라가 만든 남극 과학기지

대한민국은 1988년 세계에서 18번째로 남극에 과학기지를 세웠습니다. 그 이름은 '세종과학기지'였지요. 그리고 뒤이어 2014년에는 남극 대륙 깊숙이 두 번째 과학기지를 만들었습니다. 그곳은 '장보고과학기지'라고 부르기로 했지요. 지금도 두 과학기지에는 수십 명의 연구원들이 머물며 남극의 환경, 생물, 자원 등에 관해 탐구하고 있습니다.

한 걸음 더 (2) 우리나라가 만든 북극 과학기지

앞서 북극과 주변 바다에는 다양한 수산 자원과 천연 자원이 있다고 설명했습니다. 따라서 남극 못지않게 세계 각국이 치열한 연구 경쟁을 벌이고 있지요. 그에 뒤처질 수 없다고 판단한 우리나라 정부 역시 지난 2002년 북극에 '다산과학기지'를 만들었습니다. 그것은 세계 12번째로 북극에 세운 과학기지였지요.

나의 생각메모

■ '자유무역'과 '보호무역'은 각각 장단점이 있습니다. 우리나라의 제조업과 농업을 중심으로 그 장점과 단점에 대해 정리해보아요.

잠깐! 스스로 생각해봐!

■ 아시아와 아프리카 곳곳이 유럽 제국주의의 지배를 받았습니다. 과거 어떤 나라들이 영국·프랑스·독일·벨기에·네덜란드 등의 식민지였는지 조사해보아요.

개념어로 말해봐

사회·세계

초판 발행 2024년 12월 07일
초판 인쇄 2024년 12월 12일

지은이 콘텐츠랩
펴낸이 김태헌
펴낸곳 핑크물고기

주소 경기도 고양시 일산서구 대산로 53
출판등록 2021년 3월 11일 제2021-000062호
전화 031-911-3416
팩스 031-911-3417